세상은 나를 비춰
아름답고 오래도록
빛나게 한다

그림, 글

한미숙
(나라한 아름다울미 맑을숙)

쿤스트포르센
kunstforschen

차례

1. 세상은 나를 비춰 (2006~2024)   5
2. 아름답고 오래도록 빛나게 한다 (2006~2024)   69
3. 아무것도 있다, 잇다 (2015~2018)   139

2006년부터 2024년 그림과 글 모음

© HAN MI SUK
All rights reserved.

나라한 아름다울미 맑을숙
韓美淑
Han, Mi-suk

1. 세상은 나를 비춰

2020. 1. 19. (일)

사색된 시간을 묶어두었다가 나는 잠시 뒤로 물러나 눈을 깜빡거린다. 암전 된 세상 속에서 다시 밝은 빛이 뚜렷하게 눈앞에 서성일 때 나는 나의 존재에 관한 물음을 가졌다. 발끝을 오므렸다. 근육들이 춤을 추듯 제자리를 찾는다. 눈꺼풀이 흰자에 들어가다 뇌 속을 찔렀다. 심장을 타고 멈춘 노랫말이 발끝에 자리 잡는다. 커피 향이 그리워서 마시는 커피. 한복 저고리가 그리워서 입은 색동 조끼와 우리 손잡고 마주 걸었던 그 길이 그리워 혼자 떠난 여행길에서 갈매기가 머리에 똥을 싸버렸다. 파도는 밤이 되어도 세차게 리듬을 타곤 했다. 먹을 걱정을 하다 보니 해가 뜨는 것이 보이는데, 갈매기 똥이 다 말라버려 그냥 두려고 한다. 속이 쓰리다.

선한 녹색을 담은 차를 홀짝인다. 콧물도 훌쩍이다가 티슈 한 장을 뽑아 뺨에 흐르는 액체를 닦아내었다. 모래성을 발견하였다. 물이 깊숙이 스며든 모래에 발자국을 새기며 걷는데 동일한 인물 여러 명이 왔다 갔다 한꺼번에 출몰한 듯 내 안에 있는 고독의 모습과 슬픔의 모습, 행복의 모습과 감동적인 모습들이 한데 어우러져 모래밭에 꽃을 피운다. 파도 소리에 귀를 기울인 지 하루가 지나고 반나절이 지날 무렵 소리 끝에 있는 정체를 알고 싶어졌다. 보이지 않는 소리의 무리는 보이지 않는 것들로 이루어져 보이는 것들을 춤추게 한다. 마음도 어느덧 간질간질 콧노래가 절로 나온다. 어둑해지기 전에 나는 또다시 떠날 것이다. 아무도 모르는 곳으로. 그 어디선가 나는 아무렇지 않게 또 다른 나로 지내게 될 것이다. 어제의 나는 이제 오늘의 내가 아니게 되었고, 내일의 나는 새로운 내가 될 것임이 분명하다. 기억은 배고픔과 함께 사라져 버렸고 잊힐 무렵 배가 고플 때 울분 섞인 기억은 선명해졌다. 그러니 매 순간 끼니를 잘 챙겨 먹어야 한다. 나는 단순하고 금방 잊기 때문이다.

즉흥적으로 떠나고 직관적인 느낌을 타자기를 통해 두드리다 보면 한 꺼풀 벗겨진 적나라한 나의 실체를 스스로 들여다볼 수 있다. 이 얼마나 두렵고도 신비한 일인가. 지구 반대편에 생각과 몸을 두고 머릿속으로 여행할 때 실제의 육체는 고난 속에 머문다. 온몸 작은 신경들이 곤두서 콕콕 쑤시고 찌르는 통증을 무시하고자 떠난 실체 없는 여행에서 허우적거리다가 낮 3시가 지나니 소화가 됨과 동시에 또다시 잊는 잠을 청한다. 쏟아지는 잠에서 잊다 보면 또 다른 기억이 스멀스멀 피어오른다. 동시에 먼 미래의 이미지를 상기시킨다. 수많은 이미지가 섞여 재편집된 영상 속에서 헤맬 때가 요즘은 행복하다. 예측 불가한 예고편 없는 영화 같은 짧은 영상은 현실과 다른 여행이 된다. 그곳의 주인은 매번 바뀌고 장소도 바뀌며 이야기의 전개조차 알 수가 없다는 사실이 흥미롭다. 이미 본 장면일 수도 있거니와 전혀 가 본 적이 없는 미지의 장소와 사람들이기도 하다. 생생하기도 하며 눈을 뜸과 동시에 날아가 버리기도 한다. 모험을 떠나는 격정적인 장면이거나 현실에서 도무지 이루어질 수 없는 광경들이 펼쳐지기도 한다. 요 며칠 동안은 아무런 곳도 아무런 사람도 만나지 못했다. 눈을 감고 현실 잠만 이루었다. 몸은 찌뿌둥하고 뇌는 말랑말랑하며 코는 계속 훌쩍거린다.

2015. 1. 7. (수)
나도 모르는 나의 슬픔은 왜 이리도 깊을까? 무엇 하나 열심히 함에도 결여된 무엇인가 있다. 텅 비어버린 마음속과 꽉 막혀버린 답답한 가슴, 비운 듯 채워진 쓸모없음의 공존으로 내 감정은 더 열악한 환경에 노출되어 있다. 아무것도 힘이 나지 않아. 새해 다짐한 것들 적어 내려간 목록을 보아도 나는 왜 힘이 나질 않을까? 이 감정으로 나는 힘겹다. 캔버스 앞 울림이 사무치도록 그립다. 사랑할 대상이 갑자기 사라져 버린 듯하다. 뚜렷했던 모든 현상이 증발해 가는 듯 한 끗 차이 내 마음속. 떡을 만든 쌀로 배를 채우기만 하니 배고픈 줄 모르나? 너무 먹어 소화불량인 게다. 더 비워내야 나는 조금 더 가볍게 살아갈 수 있을 듯하다. 비워냄을 통해 약간 채움과 빈틈의 여백 공간을 남겨두자. 모든 것은 덜해서가 아니라 더해서 생기는 병이다.

2006. 9. 2. (토)
내가 다시 일기를 쓰기 시작했다. 이것은 대단한 일이면서 동시에 당연한 일이다. 이제부터 나는 스무 살 일기를 꾸준히 쓸 생각이며 훗날 기록을 기억으로 되살려보곤 할 것이다. 그리고 보다 더 나은 현재를 위해서 미래를 살 것이다.

나 가만히 눈을 뜨고 바라본다. 너 조용한 눈빛으로 눈동자를 읽는다. 그저께 100호 캔버스 앞에서 나눈 대화가 머릿속을 가득 채운다. 가만히 가만있어 보자 본다. 그렇게 나는 너를 너는 나와 우리는 그대와 따로 같이 시선을 선하게 마주 앉아 본다. 너는 난다. 난다. 날다.

숨..는다 억지가 된 오해 속에서 일부러를 과장한 자연스러움은 본래 진실을 숨긴다.
아, 프지 않다 고요함을 미묘한 강함을 무기로 강하게 내리치는 것보다 깊숙이 파고드는 아픔은 익숙한 채로 무뎌진다.
고구마와 감자 속이 노란 고구마와 겉이 노란 감자가 있다 고구마 두 입 감자 한입 고구마 두 개 감자 한 개

2019. 9. 21. (토)

크레파스 향과 하얀 종이가 좋아 그림을 그리던 시절의 나는 유치원생이었다. 말수가 거의 없어서 음성언어 대신 홀로 그림을 그리며 놀았다. 초등학생이 될 무렵 나는 아예 학교라는 공간에서 말을 잃어버렸다. 홀로 있는 시간이 더욱 많아진 나는 그림과 글로 스스로를 표현하는 것에 익숙해졌다. 그렇게 약 5년이란 긴 시간 동안 한두 명의 친한 친구를 제외하고는 선생님부터 학생들까지 내 목소리를 궁금해했다. 심지어 나는 같은 반 친구들에게 말을 못 하는 벙어리라는 놀림도 받았었다. 비수 같은 말들과 시선이 가슴에 꽂힐 때면 나는 슬픈 만큼 스스로 더욱 강해졌다. 그 당시 나는 말을 못 해서도 아니고, 목소리를 잃어서도 아니었다. 나중에 커서 나와 같은 아이에 관한 설명을 접할 수 있었는데 그것은 선택적 함구증이라는 것이었다. 지극히 정상적인 생각과 언어 표현이 가능했음에도 불구하고 극도로 부끄러워하는 마음이 컸기에 선택한 이들에게만 입을 여는 것. 그러나 한편으로는 부끄러움이 많은 성향 덕분에 이미 홀로 있는 시간 속에서 예술적 감수성을 키우며 나의 길을 걸어가고 있던 것이다. 낯을 가려 목소리가 없던 아이 그게 나였다.

2022. 10. 25. (화)

고개를 위아래 좌우로 저으며 또 저었다가 왼쪽으로 허리를 곧게 펴고 손끝을 마주 잡아 위쪽으로 끌어올린다. 바람이 목뒤를 감싸는 재채기는 콧물은 으스스 빛이 무지개가 손등이 파란 다시 훌쩍이다가 맑고 푸른 하늘을 보고 구름 한 점 없는 허공에 손 흔드는 가을 잎사귀들을 가만히 보다가 나뭇가지도 동참하는 손 인사에 내 눈꺼풀만이 흔들어 주고 불을 끄지 않은 잠든 소화기가 수화기 너머로 목소리를 내다가 발을 동동 손을 비벼 무릎의 통증은 멈추었다. 진동이 발아래 음파가 귓속에 일렁임이 눈 속에 종이가 낙엽처럼 바스락 타오르는. 쓴다는 것, 그린다는 것 모두 다 비우고 나서야 솟아오르는 것이 진짜가 될 것이다. 어리석은 내게도 마주 잡을 혹은 진실로 마음을 울리며 잡아줄 손이 있는가는 더 이상 연연하지 않기로 하였다. 모두 다 될 것은 자연스레 되는 법 아닌가. 애쓰지 말라. 노여워 말라. 사실 두려움이 많은데 그것은 타당한 불안이겠다 싶다. 나를 지켜주는 것은 지금 내게 나뿐이니까. 글자들은 개미를 따라가거나 잠자리를 따라가거나 나비와 벌을 데려오거나.

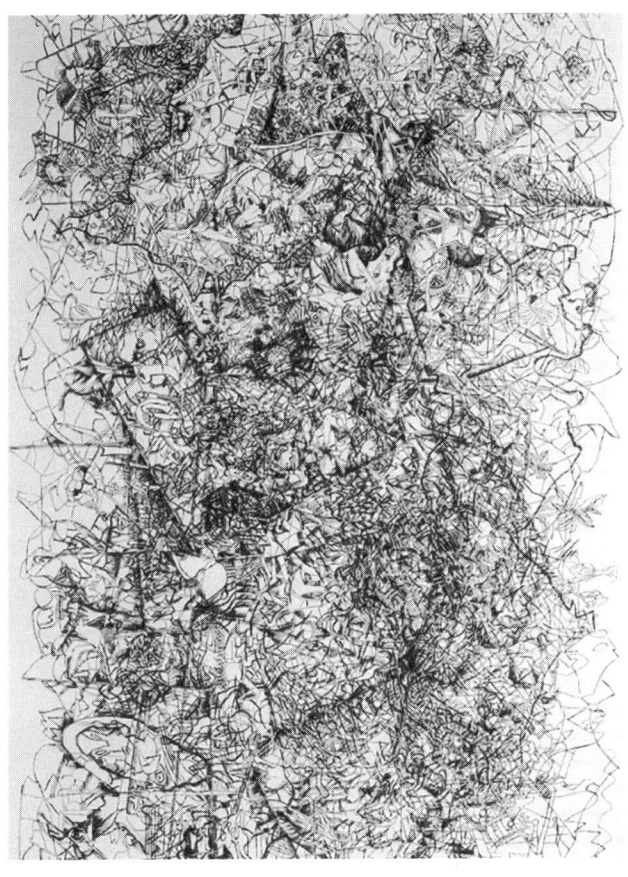

2019. 8. 24. (수)

막연함은 어리석지만은 않다. 나 역시 막연하게 시작했고 역시나 막연하다. 막연함에는 남모를 책임감이 뒤따른다. 도 아니면 모로 승부가 나기에 막연함 뒤 무한 믿음을 갖고 행해야 한다. 결코, 후회는 없을 것이다.

성공의 정의를 달리한다. 오늘도 나는 한 뼘 더 성장하였다. 마음도 머리도 보이는 것뿐만 아니라 보이지 않는 모든 것이 성장하고 있다. 비록 내가 성공하지 않았음에도 불구하고 성장하고 있고 어제보다 나은 발전을 이루고 있기에 성공한 것으로 생각한다. 물질적 부와 명예와는 다른, 나다운 나를 만들어 가는데 들인 공에 대한 자부심을 느끼도록 해야지.

2019. 10. 3. (목)

그림도 글도 즉흥적으로 작업한다. 침착하기도 하지만 생각보다 급한 부분이 있는 내게 그런 방법은 즐거움을 준다. 즉흥, 직관적인 창작 활동은 많은 에너지와 신선함을 담고 있다. 짧은 순간에 어느 수준 이상의 것을 만들어내려면 그 이상의 것들을 쌓아두어야 한다. 그래서 내게 중요한, 적당한 때의 비우기와 채우기! 스스로가 한 번에 무언가를 스스럼없이 내뱉었을 때 만족할 수 있는가 없는가에 관해서는 나 자신이 가장 잘 알 것이다. 많이 보고 느끼고 공부하는 것은 평생 해야 할 과제다.

문을 두드려도 열리지 않을 때가 더 많다. 가끔 운이 따라 한두 번 열리는 문은 좋은 기회다. 그 문을 열고 들어가면 계단을 오르듯이 자연스레 더 성장해 있다. 대부분 닫혀있고 딱 한 번 열린 운은 종종 모든 것을 바꾸어 놓기도 한다. 그러다가 다시 어느샌가 제자리로 돌아와 갈 길을 묵묵히 걸어간다. 덤덤하게 시작도 끝도 없는 듯이 오늘부터 나는 다시 시작인 것이다.

2024.
20대 쓰던 글, 가끔 끼적거리던 생각의 잔여물을 모두 모아봐야겠다. 그렇게 생각한 지도 어언 8년이 되어간다. 되든 안 되든 올여름 안에는 무조건 시작하고 끝내자.
내 서른과 이십 그리고 마흔이 되기 전을 엮어 인생의 고리와 퍼즐을 어느 정도 완성해 보기로 한다.

2019. 12. 18. (수)

어제 먹은 하얗고 긴 떡가래가 진한 블랙커피로 물들여졌다. 쓴맛만 남은 입안은 꽃들이 피어오르며 커피 향을 낸다. 펄펄 끓인 물에서는 하얀 진주가 수도 없이 나온다.

국수 면발에 하얀 진주를 넣고 바늘로 엮어내어 어머니 목에 걸어주었다. 남은 면발은 지나가는 새 부리에 집어 먹으라고 미끄러운 유리판 위에 올려놓았더니 꿈틀거리는 지렁이와 느릿한 달팽이의 먹이가 되었다.

민들레 홀씨가 날아다니다가 새 깃털에 앉아 포근히 감싸주었고 깃털은 흙 속에서 불가사리 모양의 꽃을 피운다. 사계절이 없는 계절에 피우는 꽃들이 만발할 때 너와 나는 대기권 밖에서 물 없이 헤엄을 친다. 손끝에서 깃털이 자라나고 발끝에서 남은 면발이 따라와 힘없이 춤을 춘다 반짝이는 별을 아삭아삭 씹어 삼키니 뱃속이 잠시 따가워졌다. 일곱 빛깔 무지개의 여덟 번째 색을 먹어 치웠다.

내 팔은 다리로 내 다리는 머리 위로 붙어버렸고 내 몸을 따라 둘린 둥근 끈들이 지구로 데려다주었다.

나는 10초간 멈춰있던 숨을 이제야 입 밖으로 내쉴 수 있다.

2019. 12. 18. (수)
낯을 가리는 편이라 내 많은 부분을 공개하기 쉽지 않지만 조금 다르게 과감하게 열어보자.

2016. 5. 28. (토)
사실 나를 알리거나 사적인 공개를 좋아하는 편이 아니다. 예를 들어 그림의 과정 혹은 나의 일상 속 여러 모습, 나와 관련된 모든 것에 관해 공개하는 것. (딱히 비밀도 없지만) 스스로 철저히 완전하게, 완벽하게 마음에 들 때까지는. 그럼에도 나는 변화를 원한다.
마음 열기는 작은 공유와 소통으로 굳이 나를 알아달라는 것이 아닌, 스스로 어떠한 준비와 연습 과정 조금 덜하면 어떠한가, 모자라거나 뛰어남에 상관없이 하고 싶은 일을 즐기며 과정을 보여주는 것도 나의 일부를 온전히 이해받고자 함이 아닌 나로부터 자연스럽게 묻어져 나오는 것들에 대한 사랑. 삶이 계속 더 좋아지고 있고, 발전하고 있으며 나아가고 있다는 명백한 사실 속에 스스로를 사랑하는 마음, 감사하는 마음을 매사 느끼고 숨 쉬며 살아가는 것이다. 사람과의 관계 속에서도 꽁꽁 닫힌 마음, 다 열지 않았던 마음에 후회하지 않기 위해 모든 것에서 벗어남이 필요하고 긍정적 표현은 꼭 필요하다.

완벽하지 않아도 되고, 열렬하지 않아도 된다는 것. 억압에서 풀어주는 것, 엉뚱한 시도들 혹은 전혀 말도 안 되는 것들도. 그냥 그대로인 것을 차분히 나대로 보여줄 수 있다는 것이 변화의 한 방법이 되지 않을까?

사랑을 위한 준비, 내가 머물러 있는 곳, 사람과 사물들의 연관성에서 다름을 인정하고 이해하며 받아들이고 열어둘 수 있는 것. 그렇게 살아가고 사랑하며 감사하는 것은 큰 복이다.

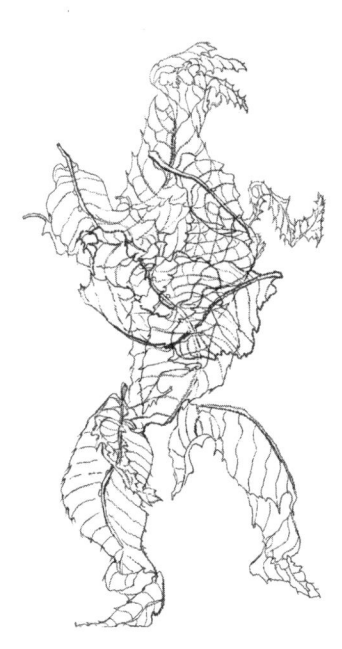

2020. 9. 2. (수)

올해부터 제대로 된 글쓰기를 시작하기로 마음먹었으나 두세 줄의 에피소드 혹은 느낌, 일어난 일, 일어나지 않은 일을 노트에 막 써 내려가고, 시간에 쫓겨 되려 내 안에 집중할 수 없었던 것 같다. 그리고 나서 1일부터 쓰자 했던 속 일기는 하루가 지나 펜 대신에 자판을 두드리며 써 내려가고 있다. 감을 따라 눈 깜빡이는 엇박자의 신속성에 마음을 읽으며 내려갈 수 있을 것 같다. (주황감)

두통이 채 가시질 않고 비는 창문을 두드린다. 소리가 잦아지면 선풍기 바람 소리가 귀를 울린다. 재즈를 들으며 낮을 새벽처럼 보내는 유일한 시간에 평일의 쉼이 시작된 수요일 내 몸을 추켜세웠다. 개강하였고, 하고 싶은 공부를 하며, 조교도 병행한다. 작업은 조금 물러났어도 늘 변함없이 창작함을 잊지 않는다. 아니 일과이다. 주말로 물러났지만, 평일에 수많은 아이디어를 수집하고 머릿속에서 방황하도록 하며 집중하는 시간을 갖기로 한다.

진실한 내면의 나를 만나기 위해 회피만 했지 글쓰기는 토해내지 않았다. 진실해질 수 있을 때를 기다린 순간이다. 그럼에도 10퍼센트 정도의 정직하지 못한 마음을 감춰버린다. 내가 원하는 것, 하고 싶고 해야 할 일들을 생각해 볼 하반기다. 코로나로 1년 동안 마스크를 쓰며 생활하고 타인과 물리적 거리 두기에 익숙해지기 시작할 무렵에 다시 타인을 생각해 보며 나도 돌아본다. 중요한 건 이제 내면의 나와 대화를 나누는 일이다. 나의 정확한 속을 알기 위해 생각을 밝히기 위해 시도 때도 없이 변덕스러울지도 모를 내 마음을 알아가는 일을 위해서.

2009. 5. 13. (수)
내 것을 해야지, 안 되겠어! 돈이 많은 것도 아니고 디자인이란 걸 해서 기쁨도 배가 되지 않아. 이 시간 컴퓨터 앞에서 똑같은 거 따기도 싫어.
머리 굳어지게 놔두는 것도 싫고 작지만 기쁨을 누릴 수 있다면 만족 말고 내 세계로 가자. 오래 한다고 금방 올라가는 것도 아니고 내가 생각한 길로 가자.
두려워하지 마. 남기 위해 (남을 위해) 낫기 위해 (나를 위해) 내 선택 밀고 나가!

2011. 11. 12. (토)

당신은 비어 있지 않기를, 순간의 배움이 멈추지 않기를 공허함을 채움으로만 메꾸지 않기를 공허를 그냥 공허로 비워둘 수 있기를, 정말 비움이 없는 상태이지 않고 비움의 꽉 참 속 비워지기를, 너무 큰 욕심으로 채워 당신의 즐거움과 괴기함으로 못되지 않기를, 어리고 순수한 장난기로 채워지나 그것이 얕기만 한 게 아님을 복잡함 속 너의 내면을 들여다봐 하나씩 꺼내어 놓기를, 왜 복잡에 복잡을 더하는지 나누면 뺄 수 있고 덜 수 있는 것을 그래서 혼자이기를 원하나 허구한 날 그리 갈망하지 않도록.

헛됨이 아닌 너의 고통과 내공의 응집됨임을 유유히 마냥 휩쓸려 흘러가지 않되 너의 길을 갈피 못 잡아 세월에 그냥 맡기지 않도록 단 한두 번쯤은 그냥 멋대로 해볼 수 있다면 너의 눈물과 한이 그대로 나오지 않고 꿈과 희망 아름다움으로 꽃필 수 있기를.

메마른 감정에 촉촉한 이슬방울 맺게 맡겨둘 수 있기를, 진한 향기로 오다가 달아나지 않게 한 잎 정도 시들어 버릴 수 있도록 이렇게 당신이 추구하는 것만이 최고가 아니라 수레 끄는 할아버지께 손 내밀며 같이 이야기할 수 있기를, 사람들은 왜 무엇에 얽매여 혹은 기쁘게 하는지 함께 호흡하며 느끼기를, 어두운 방 당신 홀로 귀 닫고 있지 않되 햇살 비 모두 들어와 꽃피울 수 있기를 당신의 매력이 세상을 홀릴 굉장한 힘이 있다는 걸 잊지 않기를.

2022.
여전히 그 과정

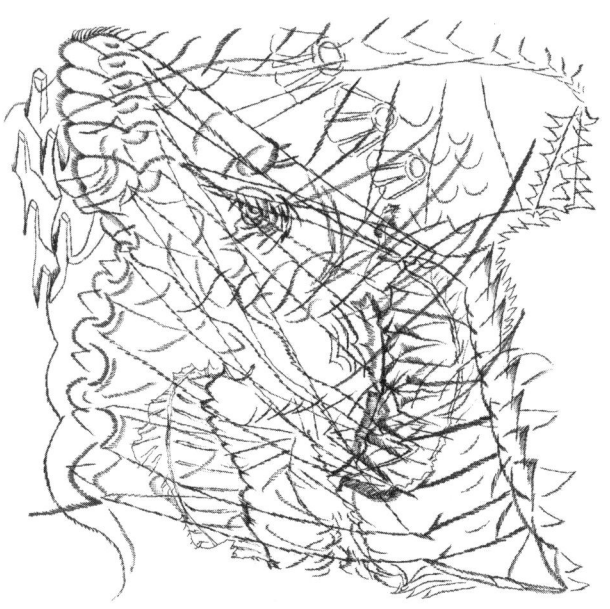

2022. 1. 6. (목)

우리가 나란히 걷다 보면 하나가 되어 만날 수 있을까? 어제 본 내가 아닌 나는 내일 또 다른 사람의 모습이 될까? 아니면 오늘의 나와 같을까? 초코우유를 먹고 초콜릿을 먹으면 나는 그곳에 다다를 수 있을까?

2022. 10. 25. (화)

무릎을 '탁' 치고 일말의 서두름을 온갖 내분비 계통의 호르몬이 날뛰는 순간에 카페인 쿵쾅 붉고 노란 낙엽은 사막 한가운데 가을 낙엽을 남극에 활엽수가 하늘 땅거미 침엽수가 뾰족한 틈 사이로 저무는 해가 피어오르는 내일을 보았다 잠식된 의식 너머 펜촉이 달려가는 순간에 나는 알 수 없이 비워진다.

2019. 9. 21. (토)
네가 '가'라고 할 때 나는 멈춘다
어린 시절 막연히 꿈꾸던 해외 유학
타국에 대한 동경으로 시작된 유학이 내게는 가깝고도 멀게 느껴졌다. 연고지도 없는 곳에서 내 꿈을 펼치고자 하는 마음이 아무것도 모르는 열두 살 어린아이 마음속에 불을 지폈다.

내 방안에는 늘 세계적인 OOOO 내 이름과 함께 적은 목표 아닌 목표가 붙어있었다. 왜 '세계적인'이 붙었는지 구체적으로 알 수가 없으나 꼭 그래야만 했다.

무식하면 용감하다고 하지 않았던가? 마침내 2009년 단 한 명의 사람도 알지 못하는 곳으로 드디어 나 홀로 비행기에 몸을 실었다. 그 당시 그곳은 가난한 예술가의 도시로 떠오른 독일 베를린이었다. 내 두 눈으로 숨 쉬는 열기를 담아 오고 싶었다.

그 당시 나는 기본 영어와 Hallo 할로 (안녕하세요), Danke Schoen 당케 쇈 (감사합니다) 독일어 기본 인사만 가지고 약 일주일가량 베를린을 탐험하였다. 의사소통은 눈과 마음으로도 충분했다. 난생처음 가본 낯선 유럽 땅에서 나의 모든 오감을 자극하고 두려움 없이 박물관과 미술 갤러리들을 신나게 돌아다녔다. 새로운 세계에 대한 호기심과 꿈을 향한 열망으로 직접 눈과 귀로 보고 들으며 모든 것을 가까이에서 느껴 보기로 한 것이다.

2022. 1. 11. (화)
작업을 하고 있지 않을 때 머릿속에서 새로운 작업이 두둥실 떠다니고 있는 그 순간도 행복하다

2021.
받고 싶은 꽃다발 대신 거리의 꽃

2023. 7. 27. (목)
그는 이미 떠났습니다 이제 마음속으로 작별 인사를 할 수 있습니다 내 마음은 어디에 아시나요 알고 있으면 말해주고 여기로 오세요
나는 항상 당신을 기다리고 있습니다
사랑이 없는 것은 아무것도 아닙니다
나는 지금 잘 것이고 잠자리에 듭니다

2022. 9. 27. (화)
더 기민하게 더 예민하게 더 확신에 찬
더 확고하고 더 철저하게 더 처절한 더 뛰어다니는
더 많은 작업이 그런 작업을 창조해야 한다
낳고 나아 그러면 낫게 되는 것
이다.

2017. 4. 6. (목)
지나가다 발길을 멈추고
꽃다발을 든 할머니께서 내 그림 앞에서 기분 좋은 표정으로 포즈를 취하신다. 나는 그저 스쳐 지나간다.
화요일 크리틱이 끝났고,
긴장했던 날 청심환의 효과로 차분하게 설명을 이어갈 수 있었다.
기억에 남는 한 교수님의 말씀
"이건 제정신이 아니야, 미친 거야."
"고맙습니다."라고 대답한 나
엄마에게 내 그림을 보여주며 들었던 말이고,
내가 크리틱에서 가장 듣고 싶었던 말이었다.
나는 이제 막 시작했다.

2021.
조금 더 반짝반짝 빛나는 그림으로 봄을 맞이해야지. 아직 보여주지 못한 것들과 보여줄 것이 많은 날들이 기다리고 있다. 하얀 눈이 내리고 나는 슬펐다. 슬퍼도 작업을 할 수 있고 기뻐도 작업을 할 수 있어서 다행이다.

2008.
내가 미술을 사랑하는 이유는 답이 없기 때문이야. 어느 세계로든 자유로운 여행이 가능하잖아.

쉼 없이 보고 듣고 그렇게 스며든 것
마음 위에 수북하게 간직한 마음을
마음이 저릿해 온몸으로 움직이는 마음을
숨겨두는 마음
그럼에도
자꾸만 생각이 나서

2008. 파주

그림을 찾아다니는 열정을 멈추지 않게 해 주세요. 그림을 그리지 않을 때가 가장 불행한 때인 걸 알아주세요. 무엇이든 그릴 수 있는 것에 감사하게 해 주세요. 조금은 다르게 바라보고 표현하는 것에 기쁨을 멈추지 않게 해 주세요. 그림이 없다면 숨을 쉴 수 없다는 걸 알아주세요. 선으로 시작해 면이 되고 형태가 완성되는 시간을 음미하게 해 주세요. 눈으로 보고 손으로 만지는 감정을 내 것으로 표현하게 해 주세요.

2022. 9. 21. (수)

작업을 하다 잠시 멈추었다. 그림을 그리고 글을 쓰다가 희미하게 떠다니는 것이, 마음에 담긴 그 무엇인가가 눈 뒤에서 아른거린다.

오늘은 목에 통증이 두통을 불러일으킨다. 이럴 땐 바깥 하늘에 떠다니는 구름을 온몸으로 마시며 정신과 마음 그리고 몸을 다시 하나로 모아야만 할 것이다.

2022. 8. 2. (화)

극에 달하는 신경질적인 선들이 나를 부르고 있다. 볼펜 잉크 아크릴릭 빨주노초파남보가 내 발을 붙잡았다. 깃털이 귀걸이로 조개껍데기가 목걸이로 돌멩이가 팔찌로 빨간 가죽은 매듭으로 휴대전화를 감쌌고 자몽은 초록에게 다가갔고 금색은 핑크와 구석으로 도망갔으며 연파랑과 남색은 의자 밑에 숨었다. 흰색과 주황이 문을 두드릴 때 나는 반쯤 감겼던 눈을 희번덕이며 머리 위 전구가 내 볼에 속삭이기 시작했다.

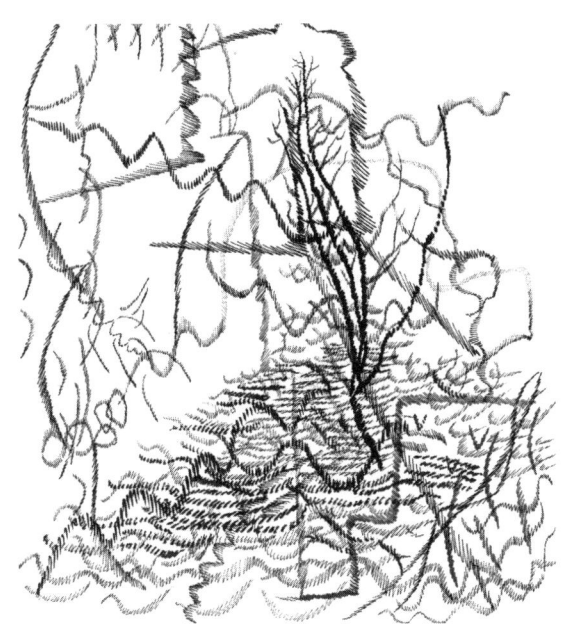

2022. 10. 22. (토)

낮은 심박수 소리 위에 포개진 손등에서 초록 털이 자란다.

2008. 5. 16. (금)

그곳에서 반나절 3x2 프로젝트 첫째 날 (작업 기록)

하얀 벽으로 칠해진 넓은 공간에 나를 그려나간다. 약간의 두려움을 잠시 잊고 조용히 마음을 가다듬고 난 후, 그동안 기다려왔던 이 순간을 위해 나는 나의 검지 손가락만 한 6B 연필을 들었다. 이제 시작이다. 시작은 매번 나를 설레게 한다. 커다란 하얀 벽에 처음 그림을 그리게 된 나는 나를 비우기 시작했고, 무의미한 기하학 선과 도형을 반복적으로 표현했다. 서서히 그림 속 의미를 부여하기 시작하면서 나의 얼굴과 타인의 얼굴을 숨은 그림 찾듯이 숨겨 놓았다. 처음 보았을 때의 산만함 속 조화를 표현하려고 검은색으로 포인트를 주며 강조를 해주었고, 그래픽적인 선들을 테이프로 연결해 놓았다. 일차적으로 그냥 그림을 보았을 때와 이차적으로 보는 이의 시각에 따라 해석할 때, 그리고 마지막 3차적으로 나의 설명을 통해 보았을 때는 더 많은 의미와 그림 속 재미를 찾게 된다. 이렇게 무의미해 보이는 그림을 간단히 설명해 본다.

새 부리를 달고 있는 가제트 형사가 있다. 옆에는 또 다른 나의 얼굴을 그려 넣었다. 기억을 되찾아간다. 새 한 마리는 날아오르고 싶었지만, 날 수가 없었다. 나는 슬펐고 그래서 울고 있다. 여러 감정이 뒤섞인 사람들의 얼굴이 보인다. 그들은 세상을 향해 돌아가고 있다. 별은 행운의 7을 숫자는 프로젝트 7일을 의미하고, 입을 많이 그려 넣은 옆모습에는 무언가를 말하고 싶어서 벽과 벽을 통해 무수히 쏟아내고 있는 것을 점을 찍어 표현하였다. 이렇게 한 번 보고 두 번 보며 다시 마지막으로 설명을 통해 보이는 것들을 찾아냄으로써 새로움을 발견해 가면 더욱 흥미로워질 것이다.

오늘 H오빠는 내가 그림을 그리기 전에 자신의 일상적인 모습을 담고 있었다. 한눈에 보기에 잘 그린 그림으로 보였다. 선의 흐트러짐보다는 가지런함으로 명암의 이해는 그림 속 깊이를 더했다. 그러한 표현 방법이 눈에 들어왔고 그림은 점점 변화되어 일상에서 이상을 향해가고 있었다. 평범함 속에서 재미를 더해갔는데 마지막에 먹물을 위에서부터 포인트를 줘서 어둡게 흐르는 느낌으로 비가 내리듯 표현한 부분이 제일 인상 깊었다. 무언가 가둬버린 감옥처럼 얽매인 자기 모습을 그린 것 같았다. 약간의 설명에 따르면 그것은 물을 표현한 것이라고 한다. 물에서 사람들은 손을 올리고 머리카락은 섬이 되고 어떤 갇힌 욕망을 현실과 이상의 충돌로 표현한 것이란다. 설명을 듣고 이해를 하니 더욱 재미있게 다가왔다. K오빠의 그림은 다음 날 보게 되었는데, 우선 초현실적인 느낌의 커다란 눈의 형태가 들어왔다. 그것은 눈 속에서 마구 헤엄치는 사람들의 모습으로 보였다. 그림 아래 바닥에는 무수한 목탄 가루와 지우개 가루가 뒤덮고 있었으며 약간 묘한 느낌을 받았다. 설명을 들어보니 눈을 검정으로 다 표현하고 나서 지워나가는 행위를 통해 자기 눈을 닦아가는 거라고 한다. 그렇게 해서 사람들 본래의 모습. 즉, 미처 몰랐던 다른 모습을 발견한 것이라고 한다. 역시나 설명을 듣고 보니 더욱 단단해진 느낌이다. 또한, 내일의 작업 방법에 관한 얘기도 하였는데 그리는 행위로부터 자신을 치유하면서 다른 사람 작업 위에 자신을 조화시키고, 서로를 알아가고 또 배워간다고 한다. 나 또한 그것이 가장 중요한 부분인 것 같다. 나를 다른 작품에 들어가게 융합하고 서로의 이야기를 들어주며 깨달아가는 과정 그 행위 자체에 작지만 큰 의미를 부여하는 것이다. 우리는 이렇게 서로를 알아가고 자신을 돌아보며 치유해 가고 있었다. 내일은 내가 K오빠 그림 위에 새로운 작업을 시도하게 될 텐데 어떤 그림을 그리게 되고, 어떤 생각을 통해 그림이 나오게 될지 나 또한 무척 궁금하다. 그리고 내 그림 위에 그리게 될 H오빠는 어떤 변화를 줄지 어떻게 그림이 바뀔지 또 기대된다. 이렇게 16일 오늘 아침 나는 매끄럽지 못한 하루의 시작을 웃으며 넘겨버리고, 즐겁게 마음을 움직이는 작업을 위해 충만함과 동시에 비움을 유지하려 했다. 채워진 나를 버리고 또다시 나를 찾아가는 여행을 떠난다. 연필을 통해 감정을 다스림으로써 마음은 곧 평화를 되찾고 몰입하기 시작한다. 그렇게 기쁨, 슬픔의 감정을 하나둘씩 꺼내면서 무의미해 보이는 선들 속에 영혼이 담긴 의미를 부여하기 시작했다. 어느덧 2시간은 아쉽게 지나가 버리고, 재미있을 내일을 기다린다.

2008. 5. 17. (토)
잠시 멍하니 혼란이 뒤섞인 채 그림을 그리기 전까지 나의 마음은 한곳에 집중할 수가 없었다. 나를 드러내는 작업인 만큼 나 자신을 버려야 한다. 그렇게 비움을 통해 다시 한곳에 집중시켰다. 세 벽면 중 가장 넓은 벽면의 두 곳을 채우기 위해 숨을 크게 쉬고 그려나갔다. 큰 틀을 잡아나가며 선들을 그렸다. 원의 반복을 통해 깊이를 주고 눈 속에 또 다른 눈을 표현하였다. 그리고 그림 안에 있는 손들은 구원을 바라고 있다. 또 나의 어릴 적 기억을 집어넣었다. 엄마와 태아 그리고 집과 아버지의 모습까지도. 나의 어린 시절 군것질로 섞어버린 어금니도 그리면서 그림 속 재미를 주었다. 그리고 K오빠는 목탄으로 지우면서 작업을 했다는데 그러한 표현 방법을 나 또한 시도해 보았다. 목탄으로 칠하고 지워보기도 하고, H오빠가 작업한 먹물도 사용하면서 힘을 부여하여 포인트를 주었다.

K오빠는 어제 H오빠가 그려놓은 그림 위에 하얀 페인트 칠을 해가면서 우울함을 표현해 나갔다. 우울함을 발견하고서 그것을 더 확대한 것이다. 복잡한 검정 선들은 하나 둘 지워져 가고 있었고 그림은 또 다른 이야기를 전해주고 있었다. H오빠는 나의 말하고 싶은 무수한 입이 인상적이었다고 한다. 그래서 나의 이야기를 들어주는 의미로 귀를 그려 넣었다. 그 귀는 사실적이면서도 익살스럽게 표현되어 있었다. 정말 내 이야기를 다 들어주고 있는 것 같았다. 그렇게 내 그림의 의미를 듣고 거기에 덧붙여 그 의미를 살려내고 있었다. 가령 울고 있는 사람의 모습이 있다면 거기에 눈물을 닦아주는 그림을 집어넣었으며 별이 있으면 더욱 빛나도록 경쾌하게 풀어나갔다. 그렇게 또다시, 어느덧 2시간은 흘러가고 작업을 마무리하였다.

하루가 지나고 한 번씩 돌아가면서 서로의 그림 속에 자신을 조화시키고 이해하며 하나가 되고, 이러한 과정을 통해 새로운 그림이 탄생하는 것을 보니 참으로 흥미롭다. 또 다른 내일의 작업이 벌써 기대된다.

2008. 5. 18. (일)

주룩주룩 회색빛 구름 속에서 비가 내린다.

오늘은 작업실로 가기 전에 점심으로 어머니께서 손수 만들어주신 돈가스와 국수로 든든히 배를 채우고, 어떤 작업이 나오게 될지 이미지를 마음으로 그려내며 흥얼거리는 콧노래 소리로 발걸음을 옮긴다.

작업실에 도착해 있을 때, 이미 밖에서는 천둥이 치고 비는 마구 쏟아졌다. 비는 멈출 줄 모르는 듯했다. 비가 마구 쏟아지니 마음도 울적해지고, 노래도 잔잔하니 더욱 아려오는 무언가가 느껴졌다. 무서운 천둥소리는 나를 더 어둡게 했다. 그렇게 마음은 진정되지 않고, 불안과 무서움이 불현듯 엄습해 왔다. 그러한 감정 속에서 문득 죽음에 관해 생각해 보게 되었다. 요즘 따라 부쩍 야위어 보이는 수척해진 아버지의 모습이 떠올랐고, 그 뒤를 이어 몸이 편찮으신 할아버지의 모습도 떠올랐다. 그렇게 죽음에 대해 슬픔, 우울, 무서움, 두려움을 표현하게 되었다. 이에 앞서 죽음을 맞이하는 단계를 보게 되었는데 그 첫 번째 단계로 부정의 단계, 노여움, 흥정, 억울, 수용, 희망 이렇게 총 6단계가 있다고 한다. 그중 나는 오늘 감성에 맞게 어두운 면을 많이 표현하게 된 것 같다. 아버지는 할아버지 그리고 할아버지는 흙으로 흙은 다시 하늘로 나의 가장 가까운 가족의 죽음에 대해 그림으로 담아내는 것은 절대 쉽지 않지만, 거침없이 나의 손과 마음은 그려가고 있었다. 그림에는 관 위에 사람이 꽁꽁 묶여 있다. 바로 죽음을 맞이한 사람이다. 그 죽음은 언제 어떻게 일어날지 모르고 어느 날 내가 될 수 있고, 타인일 수도 있고, 사랑하는 가족이 될 수 있으며, 세상 살아있는 모든 사람일 수도 있다. 관 옆에 사람들은 지켜보고 있다. 누구나 살아가면서 피해 갈 수 없이 겪게 될 일이다. 지켜보는 이들은 무섭고 두렵다. 그리고 삶을 돌아보게 되고 매 순간의 소중함을 깨닫게 된다. 밖에 마구 쏟아지는 비는 이러한 나의 그림과 자연스레 조화되어 더욱 몰입해 나갈 수 있었다. 아마 그 비는 보조 출현으로 죽음에 대한 슬픔의 눈물을 마구 쏟고 있는 듯했다. 내가 원했던 감정은 무섭고, 두렵고, 슬프고 죽음을 맞이하는 단계이다. 그리고 타인이 느끼게 될 나의 감정이 고스란히 전해지길 바란다. 끝으로 죽음을 생각해 보고 그것을 통해 자신의 삶을 더욱 의미 있고 풍요롭게 살아가면 좋겠다. 누구나 예측할 수 없는 삶과 동시에 자기의 인생을 사는 소중한 한 인간이기 때문이다. 다음 날 H오빠의 그림은 K오빠 그림 위 맨 처음 있던 눈을 다시 그려 넣었다. 자기 눈을 그린 것이다. 그 눈은 시계가 되고 시계는 일상을 걷고 있다. 줄넘기하는 사람도 보이고, 달려가는 사람도 보이며 작은 섬세함이 살아 숨 쉬고 있었다.

2008. 5. 19. (월)

맨 처음의 하얀 벽이었던 나의 그림으로 돌아왔다. 이제는 조금 혼란스러웠다. 모든 게 정리되지 않았고 마음 또한 복잡했다. 그렇게 집중력은 약간의 흐트러짐과 함께 억압된 내 마음을 아는지 굵은 검정 선들로 나의 마음을 표현해 가고 있었다. K오빠가 그린 3명의 아름다운 새들 위에 나는 앵무새 혹은 닭처럼 보이는 기하학적인 새 한 마리를 다시 그리고, 나뭇가지와 나뭇잎 또한 대담하게 굵은 선으로 그려나갔다. 모든 걸 잠재우고 싶었다. 그리고 억누른 마음을 조금은 진정시키고 싶었다. 그렇게 새 한 마리는 새장에 갇힌 듯 나뭇잎의 열매를 쪼아 먹고 있었다. 그 새는 날아야 하지만 아직은 날지 못하고 있다. 아마 그 열매를 다 먹고 나면 억압 속에서 벗어나 훨훨 저 하늘 높이 날아오를 것이다. K오빠는 맨 처음 자신의 그림 벽에 상자를 그렸다. 그리고 작은 점선들이 이어져 있었다. H오빠는 내가 그린 죽음이란 주제를 접하고 자기 죽음에 대해 생각해 본 것 같았다. 그 모습을 해골로 만들어 잠든 자신을 표현하고, 영혼이 뿜어져 나와 천국의 계단으로 올라가는 것을 표현한 듯했다.

2008. 5. 20. (화)

오늘 나는 어제의 무거운 마음을 달래기 위해, 내 안에 있는 진실한 영혼을 만나기 위해서 노력했다. 틀에 박힌 모습에서 벗어나지 않으면 안 된다. 마음속 가면을 떼어내고 나의 참모습을 드러낸다. 그것은 붓끝을 통해 아주 자유롭게 스스로를 구속하면 안 되는 것이었다. 그렇게 혼자의 시간을 갖게 되었고, 생각하면서 마음을 조용히 가라앉혔다. 그러고는 잠시 음악을 통해 무언가를 끌어올리기 시작했다. 그렇게 고통 속에서 자유를 외치는 영혼의 상처를 치유하기 시작했다. 잠들어 있는 영혼, 상상을 노래하는 영혼을 깨우기 시작한다.

작업은 붓끝에서 전해진다. 힘이 들어간 자유로운 선들은 노래하기 시작하고 거친 폭풍이 되기도 한다. 잠시 뒤 그 폭풍을 잠들게 하기 위해 나는 또다시 하얀 물감을 칠해 바람처럼 잠재운다. 그리고 다시 빨려 들어가는 소용돌이를 그린다. 에너지를 모아서 분출하고 나니 모든 게 시원했다. 그 시원한 마음은 보는 이로 하여금 에너지를 받게 한다. K오빠의 그림에서는 보는 이의 해석에 맡긴 수많은 검정 꽃이 보였다. 나는 그 꽃을 죽음을 애도하는 꽃으로 보았다. 그리고 H오빠는 내가 그린 그림 위에 한지를 붙여가며 색다른 연출을 시도하였다. 그 효과는 더 좋았고, 날 수 없는 새를 날 수 있게 그려주었다.

그렇게 우리는 서로 이해하고 하나가 되어갔다.

2008. 5. 21. (수)
어제 모든 에너지를 쏟아붓고 나니 오늘은 잠잠하게 그릴 생각이다. 애도를 표하는 꽃들 위에 흰색으로 부활의 꽃으로 만들고, 작은 십자가 모양으로 좀 더 밝은 톤으로 끌어올렸다. 그렇게 생명은 다시 태어나기 시작했다.
H오빠는 커다란 벽에 한지를 붙여가며 스크래치 기법으로 재미난 인물들의 모습을 그려놓았다. 그림 속 인물들은 무언가 말을 하는 듯해 보였고, 작업 또한 재미있게 변해갔다. K오빠는 천장에 닿을 듯 말 듯 눈을 가린 사람들의 모습을 재밌게 그렸다. 그림은 서로를 닮아갔으며, 그림 속에서는 말하지 않아도 또 다른 이야기들이 무수히 흘러나왔다. 이제 내일이면 마지막이다. 작업의 마무리가 중요하다. 프로젝트에 대한 배움과 깨달음을 통해 우리는 발전했을 것이고, 또 발전할 것이 분명하다.

2008. 5. 22. (목)
프로젝트 마지막 날

이제 마지막 작업을 마무리하기 위해 나는 한참 동안 마음을 가다듬는다. 앞치마를 두르고 편한 운동화를 신고 나의 세계를 정리하고 몰입한다. 아주 벅차오르는 환희의 기쁨을 전하고 싶다. 내 속에 너를 만나 드디어 날아오른다. 붓끝에 나의 남은 모든 에너지를 쏟아 불어넣는다. 나의 작은 키는 불가능해 보이는 저 높은 천장 위로 뻗어 올려 붓끝으로 이야기를 담아 쏘아 올린다. 7일간의 소중한 시간 속 수많은 과정은 모두 이 벽 안에서 노래를 부르고, 뿜어져 나오는 그 고귀한 힘을 나눈다. 이제는 서로에 대해 일일이 말하지 않아도 알 수 있게 되었다. 시간이 흐른 만큼 함께한 시간은 소중해졌고, 마지막 날이라니 아쉬운 마음만 많이 남았다. 짧지만 짧고 길다면 긴 7일이라는 시간의 과정에서 우리는 서로를 알아가고 각자 추구하고자 하는 마인드를 조화롭게 발전시켜 나갔으며, 서로에 대한 발견을 통해 우리는 계속 앞으로 나아간다.

2022.

십 대 막바지 시절, 홍대 프리마켓 길거리에서 돗자리를 펴고 도움을 주는 남동생과 함께 손바닥만 한 크기의 작품을 선보였다. 작가라는 단어조차 생소할 때 그보다 더 어린 시절부터 크레파스 향이 좋아 그림을 그려왔다. 내 첫 번째 작품 소장자는 귀엽고 어여쁜 어린아이였다. 엄마에게 사달라던 그 그림을 지금도 간직하고 있을지?

2022. 7. 24.(일)

일요일 음악이 가슴에서 귀로 쿵쾅거린다

엇박자의 리듬이 귀에 머리카락을 넘기고 숨을 고를 때 하트 거품의 라테는 반 정도 남아있었다 투명 유리잔의 물과 흰 머그잔의 향이 겹친다 투명한 향은 글자를 생성하고.

2022. 10. 3. (월)
끝도 없이 나오는 새로운 영감들을 실현하기 위해 그리고 체력적 고갈을 채우기 위해서는 지속해야 할 것들이 있다.
현재와 미래를 위해 지속하는 법
그와 동시에 아직 마주하지 못한,
가장 아름다운 사랑을 꿈꾼다.

2016. 5. 14.(토)
내게 그것은 흔한 것 쉬운 것이 아니다
어떤 순간 마음들이 메아리처럼 되돌아와 말로 표현할 수 없는 미묘한 순간의 문턱을 넘어설 수 있기를 바라나 다른 색이 포착됨을 느끼는 순간 애써 돌아 부정하며 구실을 찾고 있을 때 외면하는 시선을 날려 공허함에도 낯설지 않음을, 찬란함을 꿈꾸는 미지의 세계에 부름을 기다리다가 너도나도 모두가 바라고 바랐다. 퇴색되며 층층이 쌓여만 가는 것들 온전한 답은 없는 듯 모든 것은 처음이 될 것이다.
만나게 될 것은 어떤 순간에 만나게 되지 않을까?

좋아한다고 말하고 싶었지만 차마 그러하지 못하였습니다. 보고 싶다고 말하고 싶었으나 결국 더 멀어지고야 말았습니다. 그 끝이 어디인지 알 순 없지만 마음 한쪽에 고요히 묻어두고 나는 하염없이 저 멀리서 굽이치는 바다 물결을 바라보며 그저 그리워하게 될 것만 같아요.

2017. 7. 6. (목)
나는 혼자 여행을 떠났다. 걷고 걸어 도착한 곳에서 이층 버스 맨 앞 좌석에 앉았다. 높은 다리 위를 빠르게 버스가 쌩쌩 달리던 도중, 말도 안 되게 다리가 중간에서 뚝 끊긴 것이다. 아래로 끊긴 직선 저 맨 아래 시멘트 바닥만이 보여 나는 어쩌면 이대로 산산조각이나 끝나겠구나 싶었다. 그 밑으로 내 몸이 떨어져 가던 찰나에 '엄마에게 얘기도 못 하고 이렇게 내가 먼저 가는구나….'
고통 속에서 아파할 나의 사랑하는 엄마의 모습이 떠올랐다. 바닥으로 치닫는 그 모든 순간에! 문틈으로 고요한 음성이 들렸다.
"미숙아~~~"라고 부르는 나를 깨우는 엄마의 목소리였다. 보통 때 같으면 이미 일어났을 텐데, 나를 불러준 엄마의 목소리. 다행이다. 이 모든 것은 꿈이었다.

헛된 욕심과 두려운 불안이 고통 속에서 꼼짝하지 못하게 만들었다. 나는 오늘 눈을 뜨자마자 엄마를 마주 보고 꽉 안았다. 죽을뻔한 끔찍한 순간에 나를 불러준 엄마! 나를 살려준 엄마! 사랑해요.
지금, 이 순간 엄마를 꽉 안을 수 있어서, 다시 살아갈 수 있어서 얼마나 다행인가. 더 나은 삶과 죽음 그리고 아름다운 인생의 과정에 관하여 생각해 본다.

2020. 11. 18. (수)
묵혀둔 물건들을 뒤죽박죽 쌓인 종이를 헤집고 지나간 날을 짚어보다가 수많은 다짐이 지금 여기 나를 만들어왔구나 싶어 잘하고 있단 생각이 들다가도 인간이기에 드는 후련함과 동시에 약간의 슬픈 공허 아닌 공허의 진동이 계속 내 속을 훑고 지나간다 그러나 이것도 잠시 생기 가득한 곳으로의 이동은 이 모든 것을 잊게 해주는 새로운 공명의 순간으로 다가올 열망에 대한 기대감을 충족시켜 준다.
담백하게 더욱 찬란하게 반짝반짝 고맙다.
모두 다 고마운 순간들로 자리 잡게 되었다.

2019. 10. 3. (목)

이번 여름 좋은 기회로 영국 런던에 약 두 달간 머물면서 단 하루도 빠짐없이 일기를 썼다. 내가 무엇을 했는지 스케줄을 하고 난 뒤의 기록이랄까. 지금도 써오는 일기장은 점점 문장이 아닌 단어의 단순 배열로 마치 아무도 읽을 수 없는 암호로 변해가고 있다. 내 기억 속 오류를 방지하기 위해서라도 그 당시 마음의 느낌을 되새길 수 있도록 혹은 새로운 아이디어나 방향 설정을 위해 어떠한 방식의 기록이든 도움이 되니 일단 한번 계속 써나가 보기로.

2024. 10. 29. (화)

가을바람에 소리 없이 지나간 바스락 낙엽들 늘 그래왔듯 흰 종이 앞 온전히 몰입하는 내 시간 곧 11월이구나 하얗고 흰 눈을 기다리며

2014. 1. 22. (수) 독일 튀빙겐

좋은 그림(예술 작품)은 마음속에서 춤을 출 수 있게 합니다. 내 그림이 누군가의 마음속에서 춤을 추게 한다면 많은 사람들에게 좋은 느낌과 감동을 줄 수 있을 것입니다. 그리고 그 느낌과 감동은 마음속에 오래도록 기억될 것입니다. 그게 제가 말씀드리고 싶은 전부입니다. 당신의 상상은 곧 현실이 됩니다.

2014. 1. 19. (일)

누군가와 사랑에 빠질 수 있다면 지금보다 더 행복해질 것입니다.

2019. 5. 19. (일)

감각된 것들을, 감각을 위해 감각을 소유하고 감각을 쓸어내리고 나면 온전히 무뎌진 심증 없이 물증 없는 심리가 퍽 하니 퍽퍽하게 다시 쓸어내리고 나면 계곡에서 흘러내리는 물이 돌 위나 돌 옆을 쓸고 가서 작은 알갱이가 어느 정도쯤에서 멈추고 나면 물방울은 펑 무지개 거품이

펑 어제 불어온 거품 비누는 하늘로 올라가다 말고 펑 터져버리고 배가 불러 음식 폭죽을 터트린 다음 다시 물이 되어 흘려보내고 갈증을 느껴 물을 마셨더니 이제야 살 것 같다는 생각에 몸을 뉘고 한 박자 두 박자 심장박동에 쿵쿵 리듬은 누군가를 볼 때의 콩콩과 달라서 헷갈릴 틈이 없이 소음을 막고 해가 솟아나면은 다시 목이 말라 물을 마실 것이다.

2017. 2. 23. (목)
어떤 음악 어떤 언어로도 형언할 수 없을 때
마음에 위안이 되는 그림이 되었으면

2022. 8. 18. (목)
불안해서 불안에 관한 책을 읽다 보면 평화가 찾아온다. 불가피한 불필요한 불같은 생각들이 너무도 가득 차서 더 비워 내야 한다. 혼동, 거칠지만 부드럽게 무겁지만 가볍게 그러나 진실됨을, 결핍, 오직 결핍을 창작으로 환원할 것이다. 예쁜 원피스와 코트 그리고 가방으로 나의 모습을 정돈하고 싶지만, 현실은 재료비만 겨우 남는, 그렇기에 더 밝고 맑은 색의 향연들로 조금 더 가볍게 비워내야겠다. 더…. 내 모든 진실한 마음을 쏟아 그려내고 창작해내겠다는 일념! 그래야 살 수 있을 것이다. 그렇게 살아가는 것이다. 그것이 지금으로서는 최선의 방법이다.

다 쏟아내고 나면 다시 처음부터 시작할 수 있겠다고 생각한다. 그렇기에 내 심연으로부터 너를 끄집어내고 나로 채울 것이다. 아름다운 밤은 이제 곧 반짝이는 별들의 환영을 받으며 떠올라 낮의 햇살과 마주할 것이다.
빨간색 노란색 파란색 보라색 흰색과 검은색 형광 불빛과 투명한 색채들과 가루들 고체들과 액체는 기체와 만났다.

2008. 8. 27. (수)
돈에 얽매여 창조에 해가 되지 않게 해 주세요. 그림보다 돈을 벌 생각부터 하지 않게 해 주세요. 물감을 아끼겠다고 그림을 그리지 않는 행위를 하지 않게 해 주세요. 돈이 없다고 여유 있게 그림을 마음대로 그릴 수 없다는 핑계 대지 않게 해 주세요. 많은 욕심과 욕구를 그림에 다 쏟지 않게 해 주세요. 사람들 마음에 드는 그림을 맞춰서 그리지 않게 해 주세요. 순수한 그림에 악한 감정이 섞이지 않게 해 주세요. 너무 많은 생각으로 가두거나 흔들리지 않게 해 주세요. 그러면 정말 좋은 그림이 어두운 곳에서 빨리 헤어 나오겠죠? 나 자신을 너무 자책하지 않게 해 주세요! 회복력은 갖게 해 주세요. 주어진 환경에 만족하지 않는 어리석음에서 헤어 나오게 해 주세요. 자신을 탓하고 질리고 질려버릴 때 뒤에서 나를 응원해 주는 사람이 있다는 걸 잊지 않게 해 주세요.

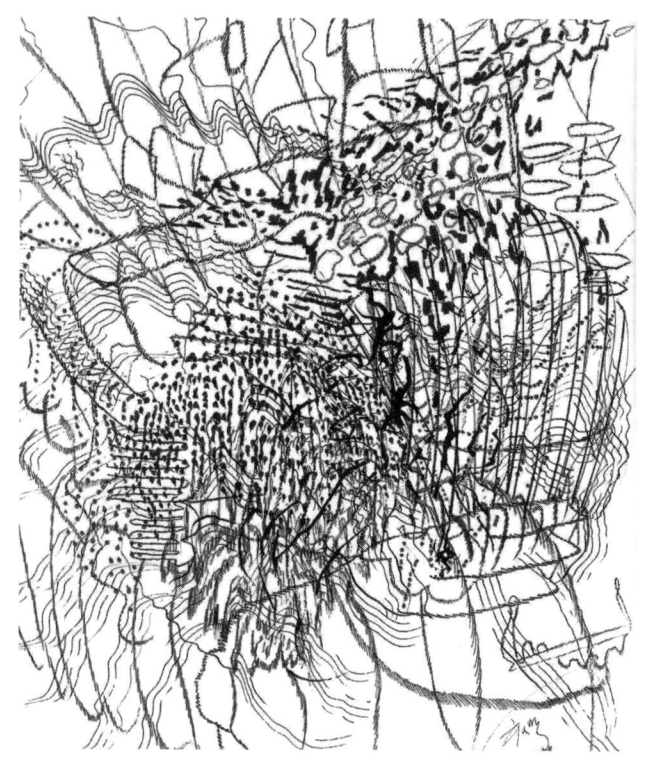

2017.
나는 철저히 외로울 수밖에 없는 영혼이다.
나의 피부는 미세하게 늙어가고 있고 확연히 눈에 들어오고 있다. 실감하는 숫자에 대해 반응하는 나는 그러기에 나약한 존재임을 떨리는 목소리에 아직도 나는 굶주린 배를 채우기 위해 본능적 탐색을 하고 나의 적에게 둘러싸인 공간에서 나의 시를 써 내려가고 벽을 만들어 나의 열린 벽을 쌓아간다.
그냥 다를 뿐이다. 너와 나는 다르다.
어제와 오늘, 내일의 나도 다를 것이다.

2010. 10. 27. (수)

독일에서 두 달 만의 깨달음, 미친 듯이 돌아다니고 쉬지 않고 찾아다닌 결과. 내 것을 버리지 말자! 그들이 하는 말들, 결국 내 맘에 드는 게 없다. 그냥 하던 대로 해. 오늘 딱! 하고 무언가 뇌리를 스쳤다. 어제만 해도 따라만 하려 해서 아무 내용 없는 가짜만 하루 종일 마구 해댔고(그렸고), 오늘 해답이 나왔다. 길을 걷고 책으로 둘러싸인 도서관에 오니 명확한 답이 보인다.

두 달 되니 그냥 답은 내 식(방법)이다. 내가 그들 것을 흉내만 내봤자 답은 뻔하고, 아카데믹한 것은 이미 다 나와 있고 하도 봐서 질릴 테고 내 것! 나의 색이 강해도 그런 건 오직 나에게서만 나오는 유일함이다. 그냥 막 무작정 그리는 건 안 돼. 내가 생각을 정리하고 결단이 선 뒤에 행해야 체화가 가능한 거다. 처음으로 항상 돌아가. 이렇게 결국 원점으로 돌아가게 되어있어. 아무리 많이 입력해도 그대로 나오면 내 것이 아냐. 결국 내 식대로 풀어 나와야 하거든 물감, 재료를 쓰는 방법부터 처음으로 돌아가서 나를 잊을 때까지 해보자. 나오는 대로 그때 그렇게 그리자. 천천히 한 선 한 점 정신과 마음에 혼을 담아. 그것은 그냥 뿜어져 나와. 순간 멈춤을 느끼게 소름을 경험하게 해주자. 그림으로 나를 드러내고 이야기해서 그 누구도 꼼짝 못 할 만큼 놀라게 해야지.

결론
내가 진리다. 답은 내 안에 있다.

2019. 10. 3. (목)
청소를 좋아한다. 어떤 일을 시작하기 전에 일종의 의식처럼 쓸고 닦고 정리를 한다. 마음을 가지런히 닦는 행위다. 그리고 나서 무엇이든 시작한다. 그러나 요즘은 무언가 시작하기도 전에 청소만 하다가 지치기도 한다. 체력을 길러야 할 때다. 오늘같이 마음에 여유가 들어서면 청소도 깔끔히 하고 그림도 그리고 글도 쓰고 싶어진다. 영국에 다녀오고 나서 더 많이 채워졌다. 몸만 조금 더 단련하고 내년을 위한 작업 준비를 잘하면 된다.

2006. 9. 5. (화)
강해지고 대단해지자. 절대 쓰러지지 않아! 열정과 오기다. 포기는 없다! 언제 어디서든 난 인정받을 가치가 있어. 내가 하고자 하는 분야를 개척하고 최고가 될 것이다. 한계는 없다. 열정과 오기만 있을 뿐. 난 그 무엇도 두렵지 않아!

난 달라질 거다. 누가 뭐라 하는 소리에 흔들림 없이 내가 정한 바 그대로 밀고 나가기를. 그리고 새로운 개척자가 될 거다. 남들이 두려워하는 것들을 거침없이 헤쳐나가고 어디서나 아무도 무시 못 하는 당차고 현명한 나를 만들자. 단, 지금보다 더 노력한다면! 내가 원하는 뜻이 반드시 이루어질 것이다. 오늘 현대 사회와 자기표현 강의를 듣고 다시 생각해 보았다. 내 이름을 아는 사람이 얼마나 될까. 나 자신의 상표 가치를 무한대로 높여야겠다. 내 분야에서만큼은 내가 최고이길 바라고 또한, 그렇게 될 수 있으리라 믿는다. 무엇보다 1분 1초를 잘 활용해야겠다. 폭넓은 독서와 능력으로 실력과 노력으로 무엇이든 미치도록 하길 바란다.

2007. 6. 17. (일)
아침부터 맛있는 엄마표 닭갈비를 먹었다. 닭가슴살을 넣어 영양 만점에 떡, 고구마 등 푸짐하고 깊은 맛이 일품이었다. 덕분에 난 통통 볼살 돼지 미숙
따분한 일요일이 싫어 동생과 함께 명동 구경과 종각, 광화문 서점에 갔었다. 날이 흐리고 비가 조금씩 내려서 좋

았다. 맛있는 거 많이 먹고 오래 걸으면서 사람들 구경도 실컷 했다. 다니면서 힘들어하는 아르바이트생들이 눈에 띄었다. 그들은 저마다 어떠한 이유로 일을 하고 있으며, 어떤 이는 즐기면서 하지만 어떤 이는 억지로 애쓰며 하는 모습. 참으로 사람은 생각하고 마음먹기 나름인 것 같다. 그리고 나도 열심히 원하는 목표를 향해 남들보다 더 노력해야겠다. 사람에게 많은 관심으로 사랑을 베풀고, 더욱 당당하게 누구나 부러워하는 멋진 삶을 살 것이다. 그러기 위해 즐긴 만큼 더 열심히 살자. 괜한 욕심은 버리고 모두 비운 상태에서 나를 위해 살자. 꿈꾸는 자는 아름답고, 배신하지 않을 것이다. 지금은 과도기라 생각하자. 이기고 견뎌내면 분명 또 좋은 일들이 많이 일어날 것이다. 한미숙 넌 분명 해낼 수 있어. 할 수 있어. 화이팅!

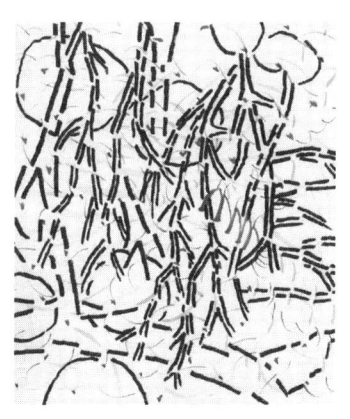

2013.

주말 첫 개인전 광화문 스폰지하우스에서 준비

액자 집에서 그림별로 액자 틀과 유리를 맞추고 옴. 총 42만 원 20만 원 그림 +시간 + a 추가 배송 100만 원 드는구나…. 현재 이십 대 후반, 내 작품 아직 돈이 안 되지만 묵혀놓지 않는 것만으로도 고맙긴 한데…. 내가 노력을 덜 해서 그런가 봐…. 돈! 이 없어 모아둔 돈! 걱정 없이 작업하던 그림들이 더욱 빛나!

완성된 액자 그림도 2008년도부터, 그 작업이 더 끌리는 것은 나 자신이 발전하지 못하고 2011년에 혹은 옛 시절에 만족해 묶여있었다는 도취. 소박하게 처음이자 마지막이 될 수 있는 자리. 그래. 이 순간 그래도 고맙다. 아직 갈 길이 좀 멀지만 현재 현실을 직시하며, 이런 생각도 든다. 비록 화려하거나 넓은 공간도 아니고, 쉽게 사람들에게 다가갈 수 없는 공간이라는 점. 그렇지만 두 달간 좋은 예술의 달 5, 6월에 나 혼자만의 작품을 위한 개인전이란 점. 올해 목표 중 하나 개인전을 할 수 있게 된 것에 의미를 부여한다.

데뷔를 한 것. 5, 6월 선정된 것, 돈 걱정은 하나 부모님께서 믿고 아낌없이 금전적 도움도 주신 것. 이렇게 꿈같은 일인데도 왜 움츠러드는 건지. 그러니 쉽게 생각하고 지난 것을 의식하지 말고 더 나은 것을 향해 1퍼센트씩 꾸준히 발전하자. 반성과 함께 노력이 절실하다는 생각이 든다. 비 오는 주말 기댈 곳은 나의 안식처일 뿐. 주변으로부터 많은 관심과 축하를 받았다. 내 작품이 단 한 명에게라도 진정한 울림을 제대로 주었으면 좋겠다. 요즘 돈과 현실 걱정 때문에 제대로 집중 못 하고, 좋은 작업에 심혈을 기울이지 못해 아쉬우니 한 곳에 에너지를 더 쏟아야 한다. 예술은 정말 돈과 지원이 필요해. 마흔 안에는 벌어놓은 내 돈으로 미친 작업을 할 수 있겠지?
요즘 그래서 복잡. 잘 되어도 걱정 안 되어도 걱정.
휴, 20대뿐만 아니라 사회 전반적으로 모두 힘들다. 그에 비하면 난 운도 따르고 앞으로 더 대단한 좋은 일 생길 테니까 걱정은 접어두자. 행동하자.

2013. 7. 8. (월)
장맛비가 쏟아질 때쯤 집에 도착했다.
영화 Once의 OST, The Hill을 들으며 오늘의 분위기와 어울리는 듯하여 음악감상 중이다.
아버지께서 결국 아프셔서 참고 참으시다가 병원에 다녀오셨다. 쥐어오는 듯한 가슴 통증에 내일 내시경검사를. 결국에 이제라도 하시는구나. (검사)

사랑! 가족 간의 정과 사랑도 없으면 무용지물이다.
사랑하고 싶다. 행복하고 싶다. 내 행복을 찾으러!
지금도 행복한데 조금 더 자유롭게 내가 주인이 되어 더욱더 행복하고 마음껏 사랑하고 싶다. 사랑을 주고 싶다.
사랑받는 것보다 주는 게 풍요로울 것이다.

떠오르는 알 수 없는 그도 잘못된 건지 알지만 왜 계속 내 머리 언저리 가슴 한구석에 맴도는지 한 번은 다시 봐야 하는데, 왜 매사에 부정적인 측면을 생각한 건지 결국 순수도 퇴색되어 가고 악화하였을 뿐이다. 이것은 인연이 아닌가? 마지막 한 번 더 생각을 해본다. 되뇌고 고민하고 갈망하고 멈칫하고 흠칫하다 결국 나도 아무것도 하지 않는다. 끝나지 않은 작업 '왜 날 행복하게 못하는 나인가?'에 대해 깊이 또다시 반복된 생각을 한다. 진실을 꼭꼭 숨기지 말고 내 있는 그대로의 모습을 감추지 말 것. 이 쉽지 않은 감정이구나. 달콤한 자두 3알 4알을 통째로 먹는다. 삼킨다. 불을 끈 어두운 내 방에서 베란다 쪽 비 오는 소리를 감상하고 다시 또 생각하고 글을 쓴다. 생각만 수십 번 하기는 그만하고 좀 더 적극적으로 살아보거라. 왜? 무엇이 두려운가?

2010. 3. 20. (목)

Martin Dawber 영국에서 연락이 오다.

플리커에 올려둔 몇 점의 패션일러스트레이션 작품을 우연히 보았다고 한다. 마음에 들어서 연락했고, 나는 이메일을 받고 기쁨에 껑충 뛰다 눈물을 왈칵 쏟았다. 내 어린 시절 생각지도 못한, 믿기지 않게 하나의 간절한 꿈이 이루어졌다.

2017. 1. 3. (화)

밤새 견디기 힘든 꿈을 꾸고 났더니 몸도 마음도 무거웠다. 간단한 그리기와 색칠하기를 통해 다르게 전환하기.

너를 생각하다가 너를 생각했고
너를 생각했지만 너를 생각했다
너를 생각하려다가 너를 생각했으나
너를 생각했었고 너를 생각할 것이다
너를 생각하지만 너를 생각하며 너를 각색한다

2022. 11. 9. (수)
때때로 M, 나 자신이 변하고 있습니다
거품으로 날아간 후
당신을 만나겠습니다
그가 우유를 먹었을 때
그녀는 옷을 갈아입고 떠납니다
낮은 흐름 높은 꽃
멈춘 파도
주황색 노란색, 빨간색 또는 녹색 돋보기

2015. 1. 3. (토)
반복되는 무의미한 물음 뻔한 대답에 어머니는 지쳐가는 내 모습을 보며 늙어가신다. 돈에 자유롭지 못하고, 쌓여만 가는 악취. 스스로 다짐한 모든 걸 번복하는 나는 아직도 날 사랑하지 못해서 힘들고 불필요한 질문으로 지치게 만든다. 나를. 엄마를. 가족을. 작업으로 1달 더 이상 갈팡질팡할 필요 없어. 내 안에 불안은 내가 쓸모없다는 마음 때문이야. 사랑할 때다. 모든 사랑에서 비롯된다. 좋은 향기 품도록 어머니는 결국 너만을 위해 쓰고 오라며 또 지폐 10장을 쥐여주셨다. 번번이 싫다던 난, 결국 돈이 행복을 좌우하는 지금의 현실. 의욕, 열정이 사그라지고 있어. 불편 불쾌 그러나 작은 불씨를 사랑의 힘으로 지펴보련다.

2024. 9. 29. (일)
다사다난했던 9월도 지나가고 있고
금요일 다시 옮긴 작업실에서 토요일 서울 산책, 훌훌 털어버리자. 작업과 함께 자연스레 흘러가는 시간, 조금씩 변화하는 모든 것들, 여전히 작업할 때 가장 설렘.

2022. 10. 21. (금)
만약에 네 마음이 저기에 있고 내 마음이 여기에 있다면 우린 어느 시간에 닿을 수 있을까? 그냥 스쳐 지나가지 않고 서로를 알아보았으면 하는 마음에 정시가 되면 만나기로 해.

2015. 1. 4. (일)

나는 무엇을 말하고 싶은 걸까
나는 무엇을 그리고 싶은 걸까
나는 무엇을 사랑하고 싶은 걸까
나는 그냥 그린다
나는 그냥 말하고 사랑한다
나는 나의 다크가 삶을 침범했다고 생각해
나는 나의 채우지 못한 갈망이 잠식시켰다고 생각해
나는 나의 찬란함이 간절함을 가렸다고 생각해.
먼 곳을 먼 곳에 먼 곳이
내게 주는 평안의 안식처라고 믿고 싶은 거지
그럴 줄 알았다.
너는 여전히 어제와 다름을 원하지만
그럴 줄 알았다.
너는 사랑하고 싶다지만
그럴 줄 알았다.
역시 너는 여전히 다름을 원한다
역시
너는 사랑하고 싶다
역시

링링 원반지를 끼고 도넛을 먹고 금을 캐고 땅을, 숲을 해와 달을 심어보자
발아래서 피어나는 빛이 온몸을 비출 때 나는 덩실덩실
그리고 구름에서 피어나는 꽃을 따라가 볼래

2020. 11. 9. (월)
.음악을 들었습니다.
아르마딜로,
내 감정에 관해 이야기하면 슬픔이 될 것입니다.
기분이 우울합니다. 아르마딜로는 아무것도 아닌 무언가를 의미했습니다
그냥 견뎌요.
점점 더 ( )
누락 ( )
찾기 ( )
몇 년 전에
나는 거울을 봐요.

2020. 11. 9. (월)
내가 당신의 목소리로 덮어버린 소리
내가 사랑했던 낱말, 세상
당신에게 묻고 싶었던 시간
말하는 바람, 반짝이는 별들의 감춰진 언어
사라지는 언어
색이 변하고 파괴되는 물체

2022. 1. 16. (일)
짧은 선 하나에 시간과 공간을
겹겹이 쌓으며 쉽지 않은
길을 걸어가는 것
많은 것을 잃어갈 때마다
펜과 종이가 있었다
더는 그 무엇도
필요 없다고. 그 무엇을
위함이 아니었기에
가능한 발걸음 그러나
얼마나 더 걸어야 어둠을
뚫고 나올 수 있을까

자꾸만 움츠러들다가도
희망을 품게 되는 것이
더 어두워지기 전에
밝은 빛을 볼 것이다

2022. 11. 9. (수)
바닷가 희미하게
파도는 돌을 차고 모래가 되어
햇빛 타고 새벽엔가 사라져 버려
어제의 일렁임은 수백 번 너의 곁으로
내일은 산산조각 나 증발해 버려
잠시 너의 꿈속에 머물다 갈 오늘의 밤에는
바람이 미는 파도가 되어

2. 아름답고 오래도록 빛나게 한다

2018. 6. 17. (일)
까끌까끌한 눈에 뭐가 들어찼나 입을 오자로 모은 다음 흰자를 좌우로 보이게 천천히 살펴본다. 가는 실핏줄이 여러 갈래로 나뉘고 이따금 눈썹 하나가 들어갔던 것일 뿐 그 모든 것들이 사라지고도 흔적 없이 남은 까끌까끌한 그 무엇 눈을 감고 또 감아도 사라지지 않아서 크게 뜬 눈동자는 시린 눈물만이 차오른다.

2017. 6. 2. (금)
선명하게 구름같이 둥둥 떠다니는
그래서 내 마음에 살포시 들어온
그런 빛나는 눈을 갖고 나는 잊을 수 없는
잊지 못할 사람이 될 수 있을까?
웃고 또 웃으며, 미어지고
다시 웃을 수 있었던
흐르는 시간을 잊게 한
어쩌면 그러지 못했을 수도 있었을 순간에
따뜻한 마음을 업고

따뜻한 마음을 얻고
다시는 없을 수도 있는 시간에

2017. 2. 14. (화) 감악산 출렁다리에서
산이 보고 싶어서 만나고 오는 길
땅과 하늘을 품고
한결 가볍고 맑아진 마음과 정신 그리고 몸
살아있는 고요함
이번에는 깊고 푸른 바다가 아닌
거대하고 나를 둘러쌀 만큼
웅장한 산이 보고 싶었다
긴 다리 위로 떠다니는 기분
산이 보고 싶어서 만나고 오는 길

2016. 11. 19. (토)
넓은 마음을 갖고
더할 수 있다면 덜어낼 수 있다면

2017. 2. 4. (토)

입춘이 된 오늘 푸른 잎들은 꼭꼭 숨어있는데
저 멀리 눈 덮인 산의 모습이 아름다워 아직 마르지 않아
불편할지도 모르는 걷고 싶은 땅이 떠올랐다
나와 같은 생각을 한 나의 엄마
조금 더 따뜻해지면 우리 손잡고
하늘과 땅을 품기로 해요

2019. 6. 8. (토)
마음속 풍경은 애처롭게 흔들리고 꽃이 피었다 진다. 하늘은 맑고 푸르렀다가 냉큼 어둠을 속삭이면 회색빛 구름 떼가 몰려오고 나는 양치기 소년이 되어 마음은 괜찮다고 거짓말을 해야 할 것만 같다. 네발자전거를 타고 두발자전거를 탈 수 있었을 때가 떠오른다. 벌써 나는 자전거를 잊고 산 지 이십 년이나 되어간다. 오전 10시쯤 눈을 뜨고 일어나 보는 게 소원이었던 그때. 지금의 시간이 빠르게 달려가는 이유를 알았다.

2024. 5. 27. (월)
모든 감정의 불순물을 걸러낼 시간, 말하지 않은 오해는 그냥 내버려두자. 서로 다른 시간, 감정, 언어 속에 엉키는 것은 온전히 내 것이 아니기 때문이다. 바람의 시간이 휩쓸어 가도록 흐름에 맡기고 부유하는 불편한 냄새를 꽃향기로 채우도록 하자.

2016. 4. 29. (금)
성직, 정직, 완벽하지 않음의 미적 관심
회복된 마음의 과정
마음이 삐뚤어지면 그림도 엉망이 된다.
덜어내고 비우고 무거운 돌덩이가 부서지면
조금 더 밝은 색을 칠할 수 있다.

똑같은 그림이 아닌 마음의 그림을 그리는 일
하루의 기분을 다스리고 추스르며 성직하듯 정직하게.
완벽한 것이 어디 있을까? 없다.
혼자 상처받고 혼자 치유하는 자생적 움직임과
번뇌의 사로잡힘
그것을 다스릴 힘은 차분히 걷고 활기차게 뛰는 것.

심장의 요동, 이리저리 흔들었다가 제자리로
되돌리는 일은 쉽지 않지만 분명한 것은 적당히
통제하며 계속해서 나의 길을 가야 할 것이다.

요즘은 완벽하지 않음에 관심이 있다.
서툰 것, 부족한 것, 어떤 빈 곳에 관한 것.
그럼에도 내게는 꽉 찬 것들.
아직도 비우지 못한 게 많구나.

2006.
새로운 마음가짐으로 한 발짝 더 나아가기
마음으로부터 평화를 되찾으려 한다. 지금 많은 것을 소유하고 있기에 어느 것 하나 제대로 힘쓰지 못하는 자신을 발견할 땐 고통스러워 보이기까지 한다. 일종의 강박관념이라고 할까나…. 소홀해지지 않기 위해 뒤처지지 않으려 애쓰는 나의 모습은 마냥 애처로워 보인다. 그런 모습을 보게 된 이상 그대로 놔둘 순 없는 현실. 모든 것을 비우고 버릴 건 과감히 버리자. 오로지 본모습의 형체로 돌아가는 것이다. 이랬든 저랬든 어떻든지 간에 자신에게로 원래대로 처음으로 되돌아간다. 욕심 없는 허물없는 본모습으로. 그렇게 나답게 진지해지기. 모두는 신경 써주는 척하지만, 실상은 전혀 그렇지 않다는 것. 세상살이도 순조롭지 않듯 쉬운 것 하나 없는 세상이라지만 어린아이의 순수성으로 많은 이들을 바라보면 제대로 된 평화가 일어날 것이다.

2017. 1. 24. (화)
그림을 실제로 보면 사진으로 담을 수 없는 좋은 기운이 있는데, 빛나는 색감의 미묘한 차이를 담을 수가 없어서 아쉽다.

2019. 6. 8. (토)
무언가 있는 그대로를 묘사하여 쓰려고 할 때면 저리는 가슴에 상상의 깨를 뿌린다. 아직도 무엇이 그리 두려운 건지 왜 나는 나로 보이는 것과 나인 것에 자신이 없는 것인지. 과대망상인지 신경증인지 대인공포증인지 그냥 싫은 건지 도무지 모르겠다. 알고 싶지 않은 거겠지?
오늘도 커피를 많이 마셨다. 엊그제부터 먹던 밀가루와의 조합이 내 속을 또다시 쓰라리게 한다. 과민한 신경 탓일까? 탓해 뭣하리 다만 음식조절을 잘해야겠다. 대충 때워 먹지 말고 좋은 음식으로 골고루 잘 챙겨 먹어야지. 요리에 취미를 붙여봐야지. 언젠가는 누군가에게 사랑을 듬뿍 담은 도시락도 한번 싸보아야지.
뻣뻣해진 몸 유연함을 자랑하던 내가 땅바닥에 손바닥이 닿지 않는다. 아뿔싸 내 몸을 어떻게 방치한 것일까. 낮잠을 자지 않던 나는 눈만 감으면 잠이 들고 밤새울 정도의 열정으로 다음날도 끄떡없던 내가 9시만 되면 눈꺼풀이 무거워진다. 이제는 익숙한 것이 되고 있구나. 이 낯선 태도마저도 익숙하구나.

2022. 10. 26. (수)

슬프고 공허할 때마다 술술 나오는 펜 끝에 나를 풀어준다. 마주 보며 이야기할 친구도 없다. 책 내용을 입력하기엔 가끔 과부하가 걸릴 때 이내 주절거림을 풀 곳은 글쓰기다. 너무 아프고 슬프면 한껏 종이 위에 쏟아내야 한다. 생각할 겨를도 없이 막무가내로 멈추지 않고 펜을 들고 써내려 가다 보면 한 페이지 두 페이지 넘어가는 종이처럼 채워가는 종이 위에 그만큼 내 고통, 아픔이 덜어지고 있다. 그, 무엇도 기대하지 않고 기대지 않고 비우고 또 비워간다. 혼자 걷는 것이 좋다. 설렘을 느끼는 공간, 일 평짜리 정도의 그리 넓지 않아도 캔버스 펼쳐 음악을 들으며 혼란한 상황 속 더 깊은 광활함으로 뛰어드는 것. 떨리는 마음 형형색색 어제보다 기쁜 이야기를 끄집어낸다. 과정의 순간, 호흡하고 있는, 숨결을 담아내는, 떨림을 전하는 온전히 느껴지는, 그 마음이면 무엇이든 다 이룰 것만 같아서 너와 나 모두를 그리는 일 저절로 이야기꽃을 피울 때 나는 그저 마술봉을 끄집어낸 거야.

2022. 10. 21. (금)

하나의 색과 선으로 완성한 그림들도 있고, 알록달록 어여쁜 그림들도 그리고 있다. 환상적인 작품의 세계로 빠져들면 종종 시간이 멈춘 듯하나 반대로 빠르게 흐른다. 알 수 없이 새롭게 열리는 세계를 마주하는 일은 설레고 가끔은 끝없이 펼쳐지기에 시작과 동시에 나는 멈출 수가 없다. 그러니 조금 천천히 가도 괜찮다.

2017. 2. 4. (토)

저 앞 공사장 모든 것이 아름답구나
이것도 작품으로 보인다
행복하여라
모든 것이 예술이다

2022. 10. 5. (수)
별을 바라보듯
저 멀리 가는 것만 같구나

그냥 그렇게
예쁘게 담아두는 마음
나와 같다면

2020. 2. 21. (금)
아버지께서 어머니 생신 축하 기념을 위해 장미꽃다발을 사 들고 오셨다. 내일은 어머니의 60번째 생신이다. 어린 시절 엄마 생일이라며 스스로에게 꽃다발을 선물하는 모습을 보고 마음 한편이 아리고 아팠다. 그 후로 나는 더 꼬박꼬박 어머니께 편지를 쓰며 축하를 해드리고 사랑을 표현했다. 지금의 나는 엄마 모습 덕분에 나 스스로에게도 가끔 좋은 선물을 하곤 한다. 타인에게 기대지 않고 그 무엇도 바라지 않는 마음.

2022.
보고 싶은 마음을 열두 번 담아내면 열 번은 꿈에 나오나요 백 번을 담아내야 두 번이 나올까 말까 한데 마음에 그리는 그런 마음이 자라서 눈을 감아도 나오는 그런 마음이지요.

2016.
눈에서 빛이 반짝반짝
유월의 첫날 타인으로부터
그런 드문 순간을 마주했다
눈빛만이 아닌 마음으로부터
오롯이 전해지는
좋은 향기를 가진 사람이 되어야지

2020. 2. 22. (토)
몇 달간 복용해야 하는 약이 있는데, 호르몬을 조절해야 해서 그런지 멀쩡했던 피부에 열꽃 같은 발진이 이곳저곳 났다. 약을 바른 지 이삼일이 지나도 전혀 나질 않는 걸

보니 약 때문임이 분명하다. 월요일 병원에 문의해 봐야지. 괜히 낫고 있는 게 아니라 뭐가 더 생기니 불안하다. 가뜩이나 나는 건강에 대해 민감하게 관리하는 편이라 작은 거 하나도 신경이 쓰인다. 수요일에는 수면 위내시경도 받았다. 속이 자주 쓰리고 소화불량이라 내심 걱정 가득, 검사 후 결과는 다행히도 깨끗했다. 건강 염려증과 신경 예민, 과민성과 스트레스가 겹친 것 같다. 건강한 체질이니 앞으로 체력 단련하며 규칙적으로 식사하기. 몸과 마음, 정신 건강에 더욱 힘쓸 것이다. 좋은 명작, 대작을 하려는 2년 반의 시간을 마음껏 온 힘을 다해 누리는 것이다.

박사과정은 우한 폐렴(코로나)으로 2주가량 늦춰졌다. 온 세상 모두가 난리다. 더욱이 국내는 집안에 갇혀 지낼 수밖에 없는 사태가 벌어졌다. 미세먼지는 물론이거니와 우한 폐렴 바이러스 때문에 어디를 가도 피폐해진 환경에 사람들은 숨을 마음껏 들이쉬며 살아가는 것조차 힘들게 되었다. 너도 아프고 나도 아프고 모두 아프다. 우리는 언제까지 이렇게 살아야 하는가? 공기마저도 곧 사는 시대가 되고 말 거다. 뜀박질, 흙 날리며 뛰어놀던 시대는 다시 오지 않는 것인가? 하는 의문도 든다. 바이러스는 언제 종식될지 알 수가 없는 현시점에서 숨죽여 보고 있는 우리는 어디로 가야 하는 것인가. 어떻게 살아가야 하며 어떤 희망과 꿈을 갖고 날개를 펼칠 수 있겠는가.

지금, 이 나이 내 또래들이 갖고 있는 많은 것을 나도 포기했다. 대신에 내가 좋아하는 일을 부여잡고 나아간다는 것은 어떤 확신이 없으면 불가능했을 것이다. 내면에 귀 기울여 진실한 길을 만들어가는 것이 중요하다.

답이 정해져 있지 않기에 더더욱 스스로를 믿고 걸맞은 기준에 맞게 나아가야 하며 창작도 자유롭게 진행하되 스스로에게 굉장히 엄격해야 한다. 외부로부터 흔들리면 자신의 세계관이 없다는 것이고, 그 길을 만드는 데도 꽤 오랜 시간이 걸린다. 재능 혹은 실력이나 운, 노력은 무조건 필수. 거기에 중요한 것은 부모님의 신뢰를 바탕으로 한 응원이다. (물론 스스로 응원할 수도 있다.) 포기에 따른 만큼 주변이 힘들 수 있기에 좋은 결과로 설득할 수도 있어야 한다. 여전히 난 배가 고프고 크고 작은 희망을 품으며 불안 속에서 창작해 나간다. 불안정한 사회와 세계 속에서 중심 잡기, 그것이 유일하게 나의 길 위에서 나다운 것이다.

작품은 곧 나다 내 가능성, 상상, 창의력이 멈추지 않는다. 계속 솟구친다. 나는 표현해야만 한다. 내겐 그런 삶이 행복한 삶이다. 내 존재 이유다. 가진 것이라곤 펜과 종이 손을 통해 마음을 전하는, 머리보다 마음을 움직이는 일. 지치고 버거운 울타리 속에서 헤쳐나간다.

가짜가 아닌 진짜가 되기 위한 숨겨진 고통을 즐겨라 남 몰래 즐겨라.

2021. 5. 10. (월)

내게 어느 정도의 한은 내재하여 있다. 한국인으로의 정체성, 사회, 문화적 한보다 더 깊은 개인적 한 말이다. 여기서 한은 원한보다 낮은 단계인 비애 슬픔 말 못 할 어두움의 이면과 이따금 차오르는 서러움과 정당한 반항심의 기운이다. 누구에게나 인생의 굴곡이 있고, 희망과 반대되는 막연한 불안감이 있을 것이며 사적인 영역에 말 못 할 상처도 있을 것이다. 그것을 어떤 방식으로 극복, 치유함에 따라 지금의 내 모습은 반대가 될 수도 있고 여전히 한쪽 마음은 아릿하거나 이따금 무겁게 존재할 것이다. 종종 나는 내 그림을 보고 마음 한구석에 짜릿하고 어딘가 훅-하고 보는 이의 마음을 건드렸으면 하는 바람이다. 혹은 멍하니 긴 시간을 바라보다가 눈물을 흘린다면 내가 바라는 것이라 할 수 있을 것이다.

2020. 11. 18. (수)

쉽게 오가는 것에 마음을 쓰지 않으려 한다. 중심은 단단해도 마음이 나약했던 모습들. 달려가는 시간 속에서 소중한 것을 놓치지 않기 위해 정확한 눈과 마음이 필요하단 것. 그것은 길을 가다가 바스락거리는 나뭇잎이 될 수도 있고, 찰나의 순간 엇나간 인연이 될 수도 있고, 다가오지 않은 바람일 수도 있다.

마음을 움직이려 하는 일시적인 언어보다는 마음을 울리는 직접적인 행동에 의해서 내가 누군가에게 그런 진심을 전할 수 있는 날이 왔으면 좋겠다. 이제는 아니 어쩌면, 언젠가는 가능할지도 모르겠다.

그럼에도 조금은 느리게 서두르지 않으려 한다.

2020. 10. 3. (토)

가을, 이 계절이 참 좋다 말없이 말을 생각해 볼 수 있는 계절 나는 하얀 도화지에 내 이야기를 풀어놓는다. 이야기를 들어주는 것이 사람이 아니라니, 고독의 시간이지만 그래도 좋다. 아직은 35%, 과정을 예측할 수 없기에 즐길 수 있는 순간, 조금 더 끌어올린 작업 과정을 보니 몇 시간 전보다 만족스럽다. 토요일 오전과 오후 이 공간 (파주 작업실), 이곳에서 과정을 기록하며 오늘의 작업은 여기까지. 이미 지나가 버린 것들 말라버렸으나 아름다운 것, 이 순간을 기억하며.

2006.
요소이데코리아 한국스카쟌 디자인 Yo soy de Corea
이번에 한국적인 바람막이 점퍼(스카쟌)를 F브랜드 대표님과 협업(작업) 하게 되어 내 생애 최고의 뜻깊은 첫 번째 디자인이 탄생하였다.
지퍼 머리 같은 경우는 한국의 태극기 문양을 넣어 전체적인 모양을 한국 특유의 곡선미로 강조하였다. Seoul이란 글씨체 또한 붓의 느낌을 최대한 살려 디자인하였다. 또한 검은색 점퍼에 들어간 자수는 F브랜드 로고에 비둘기를 조합하여 암시적인 평화를 상징하고 동일한 색으로 명암을 넣어 입체감을 강조하였다. 와펜에는 거문고, 무궁화, 비둘기를 나타내었다. 거문고 같은 경우는 한글로 거문고라는 글씨는 써넣었으며 장식적인 선들과 함께 디자인하였다. 무궁화 디자인은 곡선 위주로 화려함을 강조하였다. 대한민국을 대표하는 꽃 무궁화, 동시에 일편단심 오로지 한마음을 뜻한다. 곧 나라를 향한 사랑을 나타내는 굳은 마음이라 할 수 있겠다. 와펜장식에 있는 비둘기 역시 평화를 상징하며 전체적으로 특유의 곡선미로 풀어내었다. 금색과 추가 발매될 카키색 스카쟌은 동일한 디자인으로 가슴 부분에 거문고를 상징화하였다. 거문고는 지적인 남성의 이미지를 나타낸다. 거문고를 상징화하기 위해 거문고가 만들어지는 과정과 거문고의 연주 소리를 들어보면서 마음으로 느끼며 그것을 표현하였다. 그리하여 현의 모양을 변형시켜 가슴 부분에 넣었으며, 술대를 쥐고 있는 손을 표현하여 그 울림이 그대로 마음속에 전해지도록 표현하였다. 거문고는 선비들이 갖추어야 하는 필수 덕목의 하나로 탁하고 비뚤어진 마음을 씻어내기 위해 연주하였다고 한다. 그리고 모든 디자인 뒤쪽에 들어가는 Seoul to soul은 영혼의 맑은 눈으로 세상을 바라보며 좋은 소리를 듣고 좋은 말을 하는 입을 표현하여 영혼과도 같은 마음을 담고자 그 의미를 상징화하였다. 또한, 눈동자를 살펴보면 태극 문양이 들어가 있는데 이것 또한 한국적인 것을 강조하여 창조 정신과 함께 음양의 조화를 뜻한다. 그뿐만 아니라 전체적으로 글씨 부분에 태극기가 들어가 있는데 건곤감리를 함께 넣어 인의예지라는 뜻과 함께 하늘과 땅, 해와 달, 물과 불을 상징한다. 그리고 봉황 같은 경우는 본래 봉황의 모습에서 재창조하였다. 이것은 옛날 궁에서 왕들이 즐겨 사용한 문양인데 날아오른다는 뜻을 가지고 있으며 모든 새의 군주이므로 뭇 새들이 따라 모인다고 한다. 옷을 입게 되는 사람들에게도 그 뜻이 전해지길 바라는 마음으로 넣어 디자인하였다. 이 모든 것을 작업할 때 마음속에 새겨 넣으며 근본으로 돌아가 진실을 담고자 하였다.

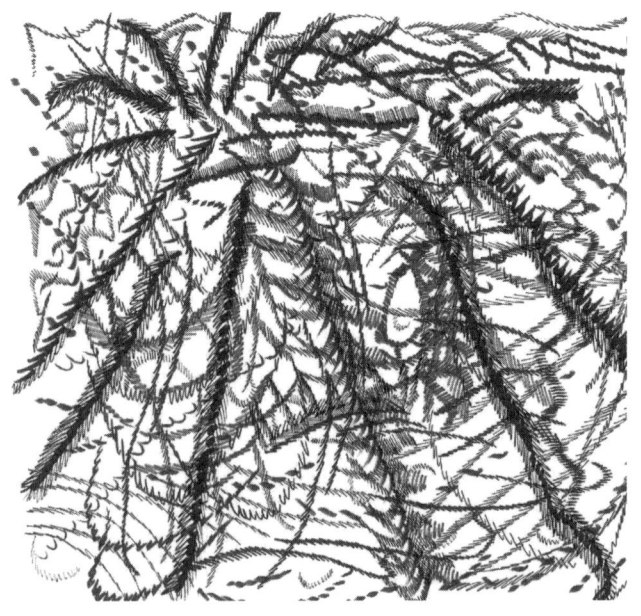

2017. 6. 29. (목)

올해는 시간이 조금 더 빨리 흐르는 것 같아요. 어제보다 오늘이 작년보다 올해가 더욱! 반년이 지나왔는데도 무얼 생각하며 어떻게 보내왔는지. 아쉬운 것은 없었는지 돌아보게 되는 유월의 끝에 다다랐어요. 무척 많은 아쉬움을 뒤로할 수밖에 없는 것이 슬프기도 하고, 다가올 것에 대한 무언가를 또다시 기다려봅니다. 아마 내년이 되면 올해보다 더 빠르게 흐르겠지요? 보고 싶은 것도 봐야 할 것도 많은데 여전히 똑같은 시간 속에서 머무는 것 같은 마음. 평범한 일상에서 귀한 시간을 만들어 가야 함을.
운동을 시작했어요. 건강을 위해 좋은 날을 위해 힘을 내보기로! 다가오는 전시 준비로 힘! 힘! 힘!
서울, 구월에 보기로 해요~ 우리.

2021. 9. 11. (토)

우리는 함께 있다가도 없고 내일을 같이 걷고 의식 없이 공간과 새장 속에 손잡고 무의식의 순간 날아오를 것이다. 회색의 희뿌연 누런 비스듬하게 희끄무레한 연한 검정의 색 빨갛고 장밋빛 같은 오색찬란하게 빛나는 붉은빛의 새빨간 딸기코 같은 거짓말을 하지 말았어야지.

2020. 4. 25. (토)

봄은 봄인데 차가운 바람에 코끝이 닿아 작년에도 보이지 않던 콧물과 재채기에 코끝이 빨갛게 나는 술주정뱅이가 아니다. 오늘 아침 눈을 뜨고 매일 수많은 과제 더미 생각에 나 스스로를 돌아볼 시간을 제대로 내어주진 못했으나 모닝 페이지 시도는 내게 꼭 필요했다. 꾸준히 써나가야 함을 느끼며 복잡하게 얽힌 잡생각을 써 내려가며 비워야겠다. 과제, 작업, 과제, 작업, 코로나19, 마스크, 집에만 있음(집콕), 가족, 몇 개월간 내 일상은 무료할 만큼 반복의 반복 속에서 나를 다그치며 책과 시름하고 고독을 벗 삼아 지냈다. 이 속에서 어떤 길을 찾으며 내 무지함을 알아가는 재미도 느꼈다. 그러나 이것이 모든 것은 아닐 것이다. 암울함, 가끔 여유나 오롯이 나를 위한 온전한 내 시간을 염원하며 다시 집중, 몰입에 전념하기에 약간의 한계를 느낀다. 음악을 듣고 스멀스멀 기어 나오는 마음 속 청춘과 몹쓸 마음을 다시 비틀어 넣는다. 꼼짝할 수 없는 마음을 다시 또 공부와 작업 속에 나를 담아본다.

"아버지 다녀오셨어요~" 엄마와 장을 보고 와선 가족을 맞이한다. 작업과 수업, 일상이 섞여버린 답답함 속에서 가족의 사랑으로 나는 살아가고 있는 것이라 위로한다.

혼자만의 밤의 필요성을 느낀다. 지금, 이 순간은 내게 정상적인 나만의 방인 것이다. 묵언을 수행하고 펜촉의 끝을 마음이 따라가느라 바쁘다.

앞서 무슨 말을 했건 지금 또 어떤 말을 써 내려가건 맥락과 단어, 문장 사이가 매끄럽지 못하고 글씨마저도 엉망일지라도 이 순간 마음의 평정을 느끼고 있다. 뒤죽박죽 뭔가 뱉어낸다는 게 마음을 치료하며 새로운 창작의 가능성을 준다는 것은 큰 가치가 있다. 독백처럼 낯부끄러움을 감출 필요도 없으며 누군가의, 하물며 가족이나 타인의 눈치를 볼 필요가 없는 것이다. 생각해 보니 내게 일상적인 작업 활동도 집에서 이뤄진 시간이 많았던 요즘, 서로의 배려 속에서 어쩔 수 없이 눈치를 보지 않았을까? 공간의 시간 투입만큼 절대적 시간의 필요성을 느낀다. 아직 나만의 온전한 공간이 없기에 아쉽기도 하다. (아직 욕심이지만) 뭔가 탓할 이유를 만들어내면 끝도 없고, 스스로 반성 혹은 다른 해결책을 찾아야 할 것이다. 아직 낮은 춥고 몸은 게으르고 어딘가로 떠날 수도 없는 시기이기에 주변 산책을, 맛있는 음식을 먹고, 새로운 일과 새로운 작업을 생각한다. 또 생각하고 또 생각한다. 밤이 되어 아침이 되면 생각하다가 또 밤이 된다. 여러 가지를 생각해도 상황에 맞지 않아 포기 혹은 다른 길을 찾아야 할 때가 번번이 찾아온다. 그러기에 나는 아직도 과정에 서 있다.

2014. 이천십사 년의 일들

올해 1월에서 2월까지 나는 독일 튀빙겐에서 독일어를 공부하며 낭만적인 길을 걷고 있었다. (지난 9월부터 튀빙겐에서 어학연수를 하였다.) 독일 유학을 준비하며 다양한 경험과 도전으로 내게는 두려운 것이 없었다. 좋은 선생님과 친구들을 만날 수 있었고, 온몸으로 영감을 흡수하며 대학도서관에서 즐겁게 공부할 수 있었다. 3월에는 베를린으로 이사를 했다. 다행히 몇 년 전 함께 살던 친구가 있었고 마침 그곳도 비워지고 우리는 다시 만날 수 있었다. 물론 그곳에서도 다양한 사람들과 즐겁게 수업에 참여했다. 그리고 스스로 서 있는 길에 관해 물어보았다. 4월에는 혼자서 길을 걸었다. 이곳에서의 삶 조금은 반복되고 지루한 것들에 대해 난 약간의 무료함을 느끼기 시작했다. 골목을 걸어도 낭만은 보이지 않았고 어느 곳에서도 나를 깨우는 신선함의 매력은 줄어들었다.

5월에는 약 8개월 만에 한국행 비행기에 올랐다. 원래 세웠던 계획과는 다르게…. 그리고 다시 안녕을 위해 한 달간의 쉼을 청하고 베를린 두 곳 유명 예술 대학에서 청강과 프로젝트 수업에 잠깐 참여하였다. 그들은 계속 함께 예술 대학원 프로젝트를 진행하자고 제안했지만 나는 곧 있으면 한국행이기에 불가능했다. 6월과 7월 8월 한국과 베를린 여기서부터 여권을 보지 않아 언제 오갔는지 자세히 기억나지 않는다. 얼마든지 내 방 서랍을 열면 있을 여권을 열어 보아도 되지만. 아마도 잠시 다녀온 한국에서 더 편안한 혹은 가족과 함께이길 원하는 내 모습을 발견한다. 그토록 원한 독일 유학길 그래서 5~6번씩이나 오갔던 독일. 특히 한 달 더 머물고 결정한 한국행은 이상한 자신감에 힘입어 사랑이 있는 곳으로 오게 되었다.

여름

한국에 도착했고, 성공할 때까지 돌아오지 않겠다던 나는 결국 너무나도 쉽게 다시 돌아오고 말았다. 그리고 암센터에 가서 유방 조직검사를 한다. 예민한 상황, 어쩌면 최악일지도 모르는 내 인생길을 잠시 생각해 보았다. 난 후회가 없다고. 어떤 결과든 담담히 받아들인다고. 이를 악물고 검사를 했고 정신적 쉼이 간절했다. 천만다행으로 최악의 결과는 없었다. 그때 나는 엄마와 함께 눈물을 쏟았다. 젊지만, 단 한 가지 더 젊은 청춘답게 살아야겠다고 나의 예쁜 청춘이여.

9월

여름은 통째로 사라진 듯 아픈 마음으로 몇 달간 방에서 편하게 쉬기만 했다. 책도 읽고 티브이도 보고 먹고 놀고 몸도 마음도 가만히 두지 못하는 나는 오래도록 잠을 자고 게으름도 피우며 뒹굴뒹굴 잘 먹고 잘 잤다. 그리고 미술 교육에 관심 있어 독일 미술에 관련된 선생님을 하기로 한다. 작품 활동과 병행하며!

10월

본격적인 아이들을 일대일로 만나고 어머니들과도 이야기를 나누며 수업하고 좋은 선생님이 되기 위해 노력했다. 작업에 대한 생각은 늘 마음속에 있다 보니 당연히 작업실이 있다면 내 공간에서 마음껏 꿈을 펼칠 수 있을 거란 생각이 들었다. 이런 믿을 수 없어! 목수인 아버지께서 단 5일 만에 아늑하고 멋진 공간을 뚝딱 만들어주신 것! 어머니께서 이야기하셨고 나 몰래 모든 재료를 사두시고 계획하고 계셨던 것! 난 참 복도 많구나. 이렇게 꿈 하나를 이루었다.

11월

눈 깜짝할 사이!! 시간이 흐른다. 아이들을 만나고 좋은 미술 수업을 위해 노력한 시간이 더 많아졌다.

12월

역시 두 마리 토끼를 잡는다는 건 내게 어려운 일이다. 좋은 경험을 통해 다양한 사람들을 만날 수 있었다. 뭐든지 직접적인 경험을 통해 깨닫는 나는 미숙한 어른이지만 그림에 더 욕심을 내기로 작정한다. 나를 반성하고 자책한 시간이 많았던 이십 대 후반 마지막 2014년 12월에는 다시 사랑과 꿈 그리고 희망을 품을 것이다. 일 년 만에 머리도 새롭게 했다. 나는 어제 100호짜리 캔버스 2개를 주문했다. 어떤 그림이 나올지 궁금한 2015년!

2007. 무지개가 선하게 세상을 뒤덮다

보고 싶은 것이 없는데 보고 싶은 것이 생각난다. 초록에서 바이올렛 이어서 파랑까지 그라데이션 된 반짝거리는 실로 짜인 카디건이 계속해서 빛이 난다. 멀리서 보아도 빛이 나고 가까이서 보아도 빛이 난다. 그렇게 빛나는 존재는 늘 빛나기 마련이다. 물컵에 반사되어 빛이 나고 모니터에 뚫린 빛이 나고 손가락 손톱 사이 빛이 흘러간다. 잠시 지나갔다가 되돌아오는 빛은 내 심장에서 오래도록 멈추었다.

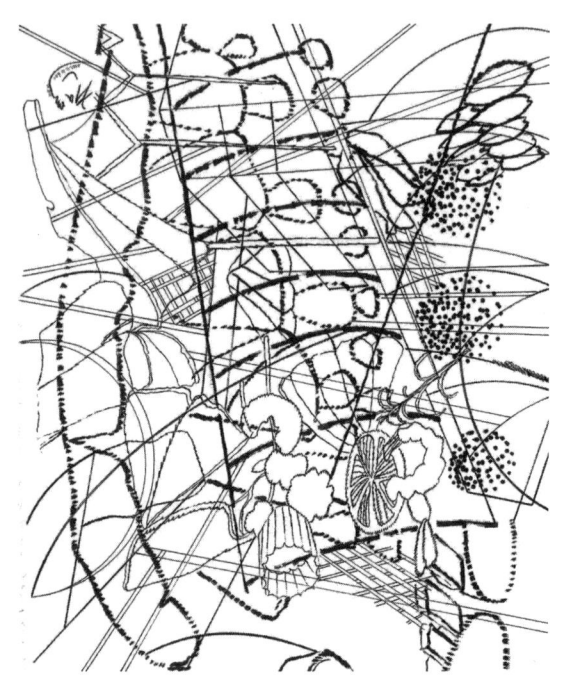

2006.

나보다 더 개방적이고 더 매력 있는 패션계 사람들, 옷에서 나의 보수적인 성향은 드러나 보인다. 그렇지만 적어도 그림에서만큼은 수줍은 소녀가 아니다. 내성적인 소녀도 아닌 마치 내 안에 다른 누군가가 나와 범상치 않은 모습으로 그림을 마주한다. 남과 다른 분명한 내 색깔이 있는 그림 더 무한한 잠재성이 있는 나의 세계, 그림을 그리지 않을 때 나는 불완전했고 행복을 느낄 수 없었다. 그림을 그릴 때만큼은 나는 내가 아니었다.

2020. 5. 29. (금)
그간 내가 공부와 작품을 열심히 잘하지 않았다는 것.
늘 현재 속에서 부족함을 느낀다. 시간은 벌써 5월의 막바지에 다다랐다. 올해 제대로 청소한 작업실에는 벌레, 개미가 늘었으나 아버지께서 바닥 페인트칠을 해주시고 종종 청소를 해주셔서 훨씬 나아졌다. 벌레를 피해 혼신의 힘을 다해야지.

어린 시절에는 미술 사조에 따른 창작이나 모방이 가능하지만, 자신의 세계가 만들어진 이후에는 자유로운 창작이라 하더라도 분명한 관점과 자신만의 세계관이 뚜렷하게 있어야 한다. 자신만의 독창적인 조형 언어는 필수이다. 동서고금 막론하고 어디서도 보지 않은 듯한 작업을 추구

한다. 아류가 되지 말 것! 선구자가 되자.

물론 전 세계, 얼마나 뛰어난 사람들이 많은가? 그들의 머릿속에서 나온 것들이 훌륭하고 그 안에 살아가는 나의 것도 남다르게 독특한 시선을 갖고 튀어 올라야 한다. 이미 본 듯한 것들 혹은 내 조형 언어가 신선하지 않다면 진작 관두고 다른 길을 걸었을 것이다. 그만큼 유일한 나다움이 무척 중요하다고 생각한다. 쉽지 않지만, 역사적으로도 보지 않았던, 혹은 보지 못했던 기존의 시도에서 틀을 깨는 과감한 도전들, 항상 더 나답게 새로운 것들을 지향한다.

개념이란 것을 흔들기 위해서는 기존의 개념을 깨야 하는 것. 확장이란 것도 쉬워 보이지만 막상 실행하기에는 그렇지 않다. 앞서 말했던 것처럼 스스로에게 객관적으로 엄격해야 하며, 그 안에서 자유로운 상상을 만들어 가야 하는 것이다.

백발 할머니가 되어서도 신선한 창작을 자유롭게 꾸준히 해나가는 것! 매일 새롭게 창작하고 마음으로 그리고 쓰는 일. 그러다 보면 사람들에게 꿈과 희망 그리고 상상력과 작지만, 큰 감동을 줄 수 있을 것이다.

2022. 2. 23. (수)
박사과정 마지막 5학기
피부가 점점 건조해지고 아직 몸 곳곳의 통증과 동반하여 피로의 흔적이 남아있다. 글쓰기가 어느 정도 마무리 되어가는 듯싶은데도 갈 길이 멀게 느껴진다. 그러나 쓰는 과정에서 저절로 글이 써진다면 좋은 결말을 향해 가고 있음을 감지할 수 있기에 남은 시간 더욱 분발해 보도록 하자.

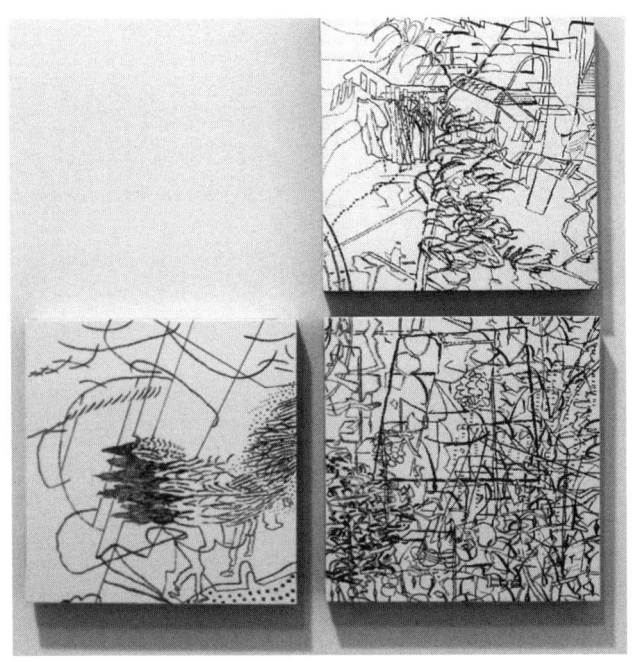

2024.

혼자 있는 작업실에서 아니 작업실을 오는 길에서 빗물에 투명 우산이 젖어들 때 내 눈물도 가려주었던 우산, 속에서 일그러진 내 입 모양과 흘러내리는 눈물과 빗물을 닦아내었다. 풀릴 듯 안 풀리는 일과 금전 사랑과 인인 사람인 무엇이 어디서부터 잘못된 것인지 내게 속삭여도 도무지 답은 나오지 않았다. 일찍이 철벽을 치는 마음의 거리로부터인지 혼자 억울해했다. 창문틀에 올라서 보이지 않는 달과 별에게 하소연하다가 잘 마시지도 못하는 캔맥주를 컵에 따라 마시며 조용히 눈물과 함께 거품을 음미했다.

2022. 10. 16. (일)
정말 행복한 사람들 정말 슬픈 사람들
올가을은 조용히 걸었습니다 숨어야겠어요
심리적 시간 조금 더 깊이
조용히 다시 재미있게 놀자

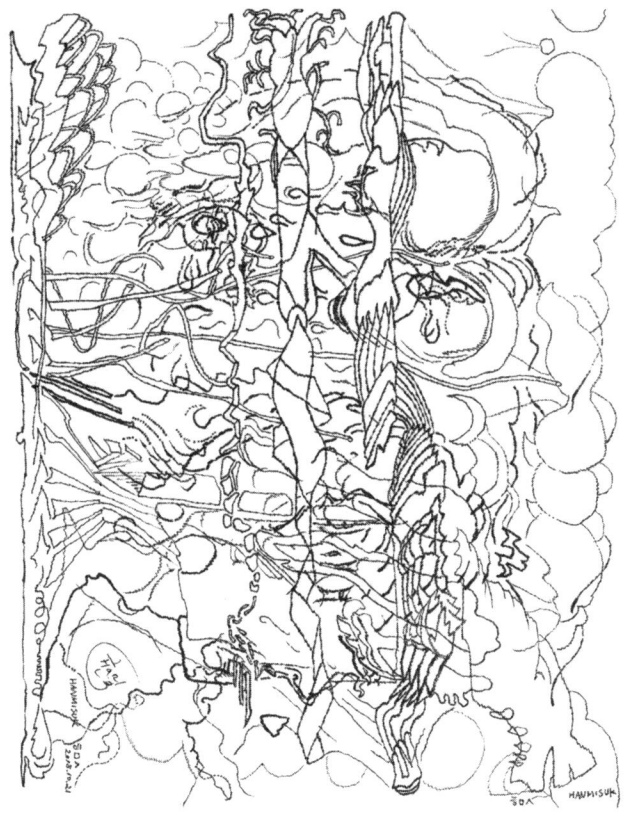

2020. 2. 22. (토)
어머니 나의 존경하고 사랑하는 어머니, 아버지 나의 존경하고 사랑하는 아버지.
우리 가족 부귀영화, 무병장수! 내가 더 잘할게요. 늘 사랑하고 죄송해요. 고맙습니다.
나는 어머니, 아버지, 아버지, 어머니의 딸로 태어나서 이번 생은 최고로 행복해요. 평생 지켜줄게요. 최고!
더 행복하고 더 즐겁고 더 건강하게 더 풍요롭게 살아가요. 늘 곁에 있어 주세요.

2021.
어머니와 함께 산책하고 차를 마시며 카페에서 이야기를 나누던 중, 순간 아름답게 다가온 시간을 표현한 것으로 거리를 걸으면서 본 풀과 알록달록 꽃과 마주친 공간을 기억해 두었다가 작품으로 담아보았다. 나의 어머니를 위하여 자랑스럽고 훌륭한 딸이 되고 싶은데 현실은 그리 쉽지가 않다. 그러나 올해부터는 분명 좋은 일들이 가득할 것이다.

2021. 12. 17. (금)

순간 속에 영원이 있고 영원은 순간 속에 숨겨져 있다. 순간이 지나면 후회해도 이미 늦다. 지울 수도 없으며 이미 행해진 길이다. 만들어진 길 위에 목적지 없이 그저 한 걸음씩 걷다 보면 어딘가 도달한다. 그 순간 내가 어디에 자리 잡고 있는지 알 수가 있다. 도착해서 멈춘 뒤에나 걸어온 발자취를 돌아볼 수 있듯이 말이다. 정해진 길로만 가는 것이 아니다. 울퉁불퉁 길 없는 길 위에 서 있기도 하고 없는 길을 만들어 무작정 걸어보기도 한다. 가는 도중 진흙 속에 발이 파묻혀도 다시 걸어 나와 언덕길을 오른다. 그러다 보면 평지인지 모를 편평한 곳에 두 발로 우뚝 서 있다. 반드시 의미를 동반해야만 하는 것이 아니다. 저절로 의미가 드러나게 해야 한다
말하지 않아도 숨겨지지 않는 것
알 수 없다고 말해도 고개를 저으며 알게 될수록 끄덕여지는 그런 작업을 해나가는 것
근본적인 것에서부터 출발해 알 수 없는 세계를 만든다. 내면의 어떤 사유의 근원을 깊숙이 자리 잡았던 인상, 감정을 낱낱이 드러내는 것만이 진짜라고 할 수 있을 것이다. 정답은 없으나 정답에 가까운 것은 알 수 있다. 마음에 훅하고 들어오는 그 무엇이 있다면 그것이 정답이다.

2019. 8. 24. (토)

나는 지금 초록 잔디 위에 날아다니는 비행기 아래 앉아 있다. 어릴 적부터 막연히 꿈꿔왔던 도시 런던에서 말이다. 이곳 공기를 마시며 온도를 피부로 느끼며 꿈꿔온 날을 평범한 어느 날로 맞이한 시점이다. 이제 일주일 뒤면 다시 가족이 있는 파주로 돌아간다. 약 두 달간 하고 싶었던 일 중 일부를 이루고 간다. 그럼에도 나의 마음이 가볍지만은 않다. 이루고자 한 약속을 지키지 못한 것도 있고, 돌아가면 좋은 에너지로 다시 시작하는 마음과 한편으로 뜻대로만 되지 않는 현실의 벽을 또다시 뚫어보고자 부딪혀야 할 것이기에, 나의 힘으로 돌진하여 새로운 세상을 만들어가야 한다는 부담감도 있다. 늦은 나이임에도 여러모로 꿈을 후원해 주시는 부모님 덕분에 포기하지 않고 이곳까지 올 수 있었다. 그렇지 않았다면 나는 매일 똑같은 곳에서 똑같은 일을 반복하고 있었을 것이다. 더 이상 더 큰 꿈을 위해 바라기만 하는 비현실적이고 무능력한 딸이 되고 싶지 않다. 정신적 물질적으로 자식들을 위해 희생하신 부모님께 풍요를 안겨드리고 싶다.
진짜는 더욱 높이 환하게 가장 오래 빛날 것이다.

2016. 4. 13. (수)
학교(서울) 작업실(실기실)에 나와서 베이글을 먹고, 몸에 좋은 과일주스 딸기 바나나를 먹으며 부족한 공부와 연구에 몰입! 좋은 작품 좋은 그림을 그리고 싶다
마음을 울리는

2022. 9. 29. (목)
구월의 가을의 하늘은 나는,
이것은 아니다. 이것이 맞다고 생각할 수 있어도 결국은 아니다. 자연스러웠다. 인위적이었다. 자연스럽게 그리고 자연을 가장한 채, 그렇기 한동안 나는 그곳에 그 자리에 머물다가 먼 거리 사람들의 호흡이 한 차례 지나가고 지나가기로 한다. 이제는 더는 나의 것에 몰입해야 함에 이곳에 와서 나의 것을 적어 가고 있는데 다행히도 잘 들어맞는다. 잘 적혀 내려간다. 먼 곳으로 이동하면서 게으름을 등에 업고 오길 잘했다는 생각에 그전에 일들을 다시 잊기로 한다. 그렇게 이렇게 망각의 뇌는 망각의 눈이 되고 귀가 되고 입이 된다. 코는 그렇지 않다. 망각하고 싶어도 스며들기 때문에 감지되기 때문에 순전히 기억되는 것이다. 지금의 냄새와 특유의 향기를 기억하려 애쓰지

않아도 내일모레 한 달 뒤에 스치는 순간에 기억은 살아날 것이다. 12시가 되면 나는 신데렐라처럼 이곳에서 벌떡 일어날 것이다. 나의 공간으로 다시 이동하는 순간에 널 만나기를 고대하겠지만 기대하지 않고 또다시 오지는 않을 것이다. 이것으로 모든 것은 정리되었고 나는 만족스럽게 뒤돌아 갈 수 있다.

2023. 12. 21. (목)

런던 동네 Camden art centre전시를 마지막으로 보고 왔다. 커피에 더한 우유를 많이 주었다. 좋아. 오늘은 책 읽다 새벽 늦게 잠들 것이다.

오늘 본 피부색, 오늘 들은 언어들, 오늘 본 다양한 일과 사람들, 오늘 본 뒷골목, 화려한 아름다운 곳, 널린 쓰레기 더미, 정돈된 박스, 구구 둘기(비둘기)와 밤의 백조

글과 그림으로 새롭게 구상, 상상, 보이지 않는 차별, 그 눈빛, 깨부숨, 우연, 억제와 억지, 불편과 불안, 아름다움, 재앙과 환희, 꽃, 빛, 빛, 빛의 다른 쓰임 파괴 창조 사이.

단순하게 살아가기. 아프지 말고 행복해지는 것. 많은 것을 사랑하는 것. 그저 매일 감사한 마음.

2020. 9. 4. (금)

눈을 감고 지구 반대편의 골목길을 거닌다. 다시 또 눈을 감은 상태에서 7년 전 헤매던 언덕길을 홀로 터벅터벅 걷는다. 올해가 가기 전 카운트다운을 맞이할 때, 다시 지구 반대편으로 날아가 그날의 새해 맞이하기를 반복한다.

가령 아침에 본 새싹이 낮에 나눈 대화에 흘러들어와 싹을 틔우고 저녁이면 잎을 닫아 다른 향을 내고 밤 시간의 방황은 온전한 나로서 체험되어 나의 경험으로 감기는 시간이 된다. 이처럼 모든 행위와 반복이 겹쳐 진실과 상상 이면에 존재하는 혼란은 그 나름의 규칙을 만들어 나간다. 파도와 해일, 비바람에 휩쓸리지 않는 것, 어쩌면 이러한 현시대 속에서 온전한 나로서 있는 것과 이상을 향해가는 것은 터무니없는 것일지도 모른다. 그렇기 때문에 내가 하고 있는 일이 세상을 바꿀 수 있다고 생각하지는 않는다. 그러나 그 순간이라도 오로지 완전한 내가 나로 존재할 수 있음을 증명하기 위한 다른 가능성의 작은 몸부림이다.

2021. 1. 4. (월)

오랜 시간 작품과 끈질기게 사랑하다 보니 사람을 사랑하는 감정 자체를 잊은 건 아닐까? 란 생각을 잠시 해본다. 조금은 슬프지만, 그러나 늘 뜨거운 열정은 마음 구석에서 피어나고 있다. 작업을 지독히 사랑하기에 거기서 오는 설렘을 능가할 대상이 쉽사리 자리 잡지 못하는 게 아닐까? 싶다. 어쩌겠나? 여전히 작품을 향한 내 심장의 온도는 점점 더 뜨거워지고 있는데!

2018. 7. 21. (토)

함부르크 작은 카페에서 한 구석이 텅 빈 마음, 그 가벼움의 무게를 짐작하게 된다. 그렇기 때문에 나는 하얀 여백을 빽빽하게 채워나갈 수 있는지도 모른다. 터키색 빛깔의 화려한 액세서리를 지그시 바라본다.

반짝이는 것들이 오래도록 빛날 것 같아서 아름답기만 하다. 그렇게 마음을 비추면 공허했던 마음이 조금은 채워진다. 잠깐의 쉼과 긴 기간에 새로운 무언가 만들 준비를 하고 있다.

지금 나는 이곳에서 그리고 또 내일은 다른 곳에서.

2018. 7. 9. (월)

벌써 가을인 듯 낙엽이 굴러다니고 꽤 세찬 바람에 저녁 해는 떠 있어도 서늘한 기운이 몰려온다. 11번째인 독일, 독어를 배웠고 11번째 오게 된 것! 결국 이곳에서 전시로 데뷔한다. 마침내 내 그림을 알아봐 주고 (물론 원하는 금액엔 못 미치지만) 현대미술로 유명한 철학적 미감을 가진 독일에서 내 아껴둔 그림을 펼쳐 보일 수 있기에 긍정적으로 감사히 뿌듯하게 생각하기로.

이번 전시를 통해 사람과 환경도 배우고 작업도 인생도 한 뼘 성장하는 것이다. 이미 지난 작업 더 많은 이들이 가질 수 있게 할 것. 그리고 더 나은 작품! 꾸준히 초심으로 실험하고 열심히 다작해서 내년엔 영국 미술계로 날아가 꼭 전시할 것이다. 꿈은 이루어지고 상상은 정말로 현실이 된다.

사람, 정말로 행복한 사람
사람, 정말로 불행한 또는 슬픈 사람
이 가을 조용히 걸었다 나는 숲으로 갈 것이다
물리적 시간 조금 더 길게 그리고 고요히
우리 즐겁게 다시 만나자

2019. 7. 9. (화)

목구멍으로 빨간 알약 2알을 또 삼켰다. 웬만하면 약 대신 자연적 치유를 선호하는 나지만 이번엔 좀처럼 약을 먹어도 낫질 않는다. 타국에서 병원을 가본 적이 없는지라 덜컥 겁부터 난다. 오늘은 신라면과 파, 버섯을 사 들고 집으로 왔다. 매번 지친 몸을 이끌고 관광객처럼 다닌 탓인지 100원짜리 같은 크기의 림프샘은 그대로이고 목 한가운데는 부어있는 듯하다. 에스프레소에 우유를 섞어 마셔도 금세 몹시 피곤해진다. 8일째 런던, 웬만한 모든 것은 7일이면 다 볼 수 있는 듯하다. 벌써 덤덤해지는, 몸이 지친 탓일지도 모른다. 작품도 무사히 보관 중이니 저녁엔 신라면을 끓여 먹고 푹 자야지. 한 번 자면 매일 숙면을 하곤 하는데 몸의 회복 속도가 느려서 걱정된다. 일단 여유를 갖고 푹 쉬어보도록 하자.

2016. 5. 4. (수) 서울
누군가에겐 시들어서 버려진 꽃
나에게 활력을 주는 꽃이 되었다
바라만 봐도 좋은 꽃들이 생겨서 좋다
오늘 밤샘 작업 아자아자!

아름답다 꽃

2021. 12. 12. (일)
팬데믹이 언제까지일까, 내년 2월까지 용인 어딘가에 있는 작업실에서 자발적 격리 중이다. 다행히도 으슬으슬했던 몇 번의 몸살기 외에는 감기에 걸리지 않았지만, 스트레스로 뒤집어진 피부와 운동 부족의 체력 저하로 이따금 나약한 정신과 게으른 몸을 괜히 탓해본다.
적지 않은 나이기에 자신의 인생을 완전하게 책임질 명목에 관해 뒤늦은 생각을 해본다. 1년, 5년, 10년, 20년 30년 40년 50년 70년 그리고 100년 뒤까지. 특히 나는 대부분 모든 것이 평균보다 많이 늦는다고 생각한다. 그러나 그것의 좋고 나쁨의 경위를 따지는 게 아닌 지금, 이 상황에서는 늦음에도 불구하고 나름의 만족을 한다는 것이다.

온전히 나다운 삶을 위해서 그리고 어떻게 하면 가장 나답게 살아갈 수 있을지에 관해서 정답은 없지만 삶도 작품도 동일한 지점을 향해 가는 과정에서 발현되는 것들과 말 그대로 자연스럽게 피어나는 것들을 지속하고 싶은 마음이다.
따뜻하지도 춥지도 않은 미온의 날

2021.
12월의 어느 날
극도로 우울했던 어제를 지나 목이 찬바람에 얼음장이 깨진 듯 손등이 따갑다. 8시 저녁 기온이 체감온도 영하 10℃가 되었을 때야 정신이 번뜩 들기 시작한다. 순간 스치는 생각 내일과 미래의 두려움과 기대를 품고 다시 0으로 돌아간다. 늘 새로운 시작, 끝보단 시작에서 시작의 줄기는 무한히 뻗어가고 끝을 맺기 어려워 또 다른 시작을 벌이다 보면 나는 수많은 줄기를 갖고 있다.
손에 쥐어진 줄기를 놓다가 또 다른 줄기를 붙잡고 끝은 보이지 않는 그런 식물을 기르고, 아무 생각 없이 생각 있이 글을 쓰다가 멈추고 1초도 안 되어 또 이어가고 절대 멈추지 않기로 한다.

2024. 1. 8. (월)

외출했는데 첫눈, 런던에서 맞이하였다.

하얀 눈을 보고 가서 좋다. 뭔가 씻기는 느낌으로 산책을 West Hampstead로! 거기서 생각했던 카페라테, 마지막으로 마시며 간단한 간식을 구매하고 시내 외곽을 한참 구경하다가 버스를 타고 돌아왔다. 떠날 집, 냉장고도 모든 것이 다 비워지고 있구나. 이곳에서 구매하고 별로 쓰지 않은, 선물처럼 좋은 곳에 쓰이길 바라는 마음으로 거의 새것들 세탁해서 깨끗하게 기부도 완료하였다. 내 생일과 새해 여러 번 나누어 기부하니 마음도 따뜻해진다.

런던에서의 삶

여름을 지나 가을이 되었고

겨울이 지나면

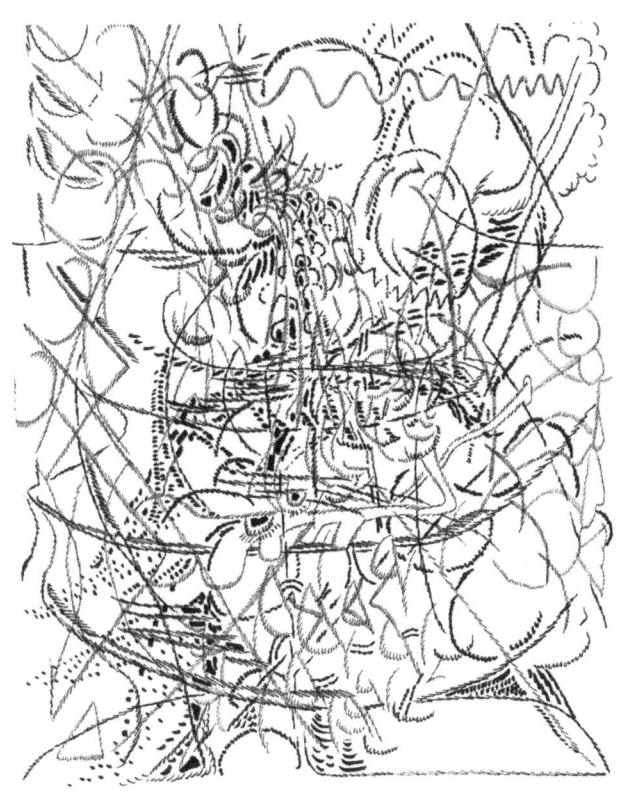

2023. 8. 21. (월)

말과 행동의 불일치, 나는 비현실적인 언사를 남발하여 가족에게 피해를 주었다. 거대한 꿈만 품고 현실은 기준치에도 못 미치는 그런 삶에서 왜 허튼 꿈만 꾸었을까, 그 모든 것을 피하면서까지. 결국, 내게 남은 것은 내가 기쁘거나 슬플 때 마음을 담았던 작품들뿐이다. 나는 그 무엇도 없이 작업만 해야 하는 것일까? 일, 사랑, 돈. 이 모든 것은 헛된 나의 욕망일까, 멀리 달아나는 것을 움켜쥘 수조차 없다. 내게 다가오지 않는 것들이다. 수많은 영감, 요동치는 에너지들만이 가득하기에 이상과 현실의 괴리는 나이와 함께 늙어가기만 할 뿐, 가끔 이렇게 우울한 감정, 슬픔이 차올라 마음이 휘몰아칠 때면 다 허튼 일인 거 같다.

2019. 7. 15. (월)
주황색 봉지를 양손 가득 들고 한 남자가 걸어 집으로 들어간다. 마트에서 본 그 봉지 색, 집에서 조금 떨어진 대형마트이다. 조금 더 가까운 마트 봉지는 초록색이다. 사람들은 모두 똑같이 언제 어디서든 먹어야만 한다. 살기 위해서 모두 다른 일을 하거나 같은 일을 하고 혹은 피부색이 다르거나 나이가 많든 적든 일정량을 성취해야만 한다. 한국보다 8시간 느린 영국에서는 나이를 덜 먹어가는 것 같다. 몇 년 전했던 생각, 신년을 알리는 불꽃 축제 때마다 나라를 이동하며 시간을 달리하는 순간이동을 생각한다. 한국에서 새해 12시를 알릴 때 타국으로 이동하여 그 시간을 지나는 것. 그렇게 지구 한 바퀴를 돌면 한 살이라도 어려질까, 하는 우스운 생각을 6년 전 독일에서 했었다.

2021. 12. 3. (금)
작업실과 또 작업실과 작업실
작업 생각과 작업
십이월 하고도 사흘, 나흘 남은 날의 이천이십일 년
니트원피스 꽃무늬 벽지 에메랄드 카디건
주황 쿤스트포르센 털모자와 다듬지 않은 웨이브의 끝
파도 끝을 자르고 총총
촘촘히 작업 생각이 많아서 넘쳐흐르는 작업
빙빙 돌다가 다시 작업하고 멈추다가
반복하고 펜을 들고 선을 긋고 펜을 내리고
마우스를 클릭하고 색을 입히고 마우스를 클릭하고

2023. 8. 12. (토) 다시 영국
버스를 타고 가보지 않은 곳에서 내려 H매장으로 향하는 걸음. 오렌지색 스웨터와 헤어밴드를 샀다. 시도해 보지 않은 것들을. 그렇다. 나는 많은 시간과 기회가 있다. 더 소중히 감사히 하루하루 살아가며 배우고 느껴 더 많은 것을 얻어갈 것이다.

2020.
양.다.교.즉과 신자동기술법 명명하다.
양립, 다중, 교차, 즉흥
방법론

신자동기술법 (New Automatism)
AI와 인간의 협업

2021.
오늘날 우리는 전 세계적으로 예상하지 못했던 지극히 혼돈의 시대 속에서 살아가고 있다. 그와 동시에 삶 속에서는 확실함보다 불확실함이 가득해 완벽한 답안이 정해져 있거나 틀에 맞춰져 기존의 방식대로만 주어진 삶을 살아가기란 쉽지 않다. 일상 속에 예상치 못하게 침투된 바이러스로 온 세상이 억압되어 우리는 일정 방식을 강요받고 있으며, 시간이 흘러감에 따라 익숙해지는 한정된 행동 범위는 개인의 욕망을 잠재우며 동시에 무한히 키워가고 있다. 이처럼 예측 불가한 세상 속에서 어떻게 자신만의 중심을 잡고 목소리를 내며 살아갈 수 있는 것인지에 관해 나는 끊임없는 물음을 갖고 있었다. 갑작스레 찾아온 체제의 변화로 혼란스럽지만, 많은 것들이 새롭고 신속하게 움직여야만 한다. 그렇기 때문에 기존의 미술 작품에서 고정되고 고전적이며 불변하는 형식에 맞춰진 시각예술에서도 변화를 야기한다. 또한 창작자의 태도와 보이는 이의 태도 속에서 새로운 관계가 맺어질 시기임을 단언하며, 충돌되어 재조합되는 과정에서 나만의 조형 언로 사유하기 시작하였다.

시간은 하나의 리듬으로 이어지며 개인과 사회 그리고 세계 속에 맞물려 재구성되고 표면에 짜이며 재해석되는 과정을 반복한다. 그러므로 급격한 세상의 변화 속에서 현재 살아가고 있는 존재의 매 순간 희로애락으로 살아있음의 발광이며, 지금 살아가는 이 순간을 중시하는 과정과 존재 자체가 작품의 이유이자 의미가 되는 것이다.

나의 작업은 우리의 삶처럼 하나의 정답이 정해져 있지 않다. 혹은 완벽한 결말을 예측하고자 하는 것은 아니다.

찰나의 순간처럼 우리의 삶도 빠르게 변화하고 있듯이 체화된 삶을 토대로 순간에 적응해 나가며 영원을 갈망하는 것과 같이 양면성을 구축하는 과정에 놓여있다. 변화에 예리하게 반응해 천편일률적인 상황과 순간을 빗겨 나간다. 이러한 과정을 통해 직관을 따라 자신이 되기를 갈망하며 본인 스스로 예감할 수는 있다. 기존체제 속 익숙한 것들이 파괴되고 변화되는 과정에서 혼란스러움은 또 다른 규칙을 만들어 나간다. 나는 다양하고 파편화된 현시대를 극대화하는 조형 언어를 통해 시각적으로 표현하고자 하는데, 그 과정은 직감을 동반한 의식과 무의식 속에서 자연스럽게 일어난다. 보고 느끼고 들으며 경험한 행동과 반복이 겹쳐 진실과 상상 이면에 존재하는 혼란은 그 나름의 규칙을 만드는 것이다.

짧고 얇은 선의 무수한 반복은 긴 선으로 이어져 수많은 시간이 겹으로 교차하고 엮이며 쌓인다. 그렇기에 그려진다기보다는 시간과 공간이 날실과 씨실처럼 새롭게 짜이는 것이다. 또한, 반복된 얇은 선은 존재의 연약함 속 강해지는 속성을 보인다. 한 가지의 검은색은 흰 도화지와 어우러지며 양면적인 존재와 모순적인 우리의 삶을 담는다. 지나간 시간 속에서 보고 느낀 감정, 기억 그리고 경험은 지금, 이 순간과 다가올 미래의 파편들을 즉흥적으로 엮으며 평면 속에서 유동적인 시간성을 재구축한다.

이것은 평면 시각예술이 가진 화면에 시간성을 부여하고자 하는 시도이며, 건축된 의식은 직선으로 무의식의 흐름은 유기적인 자유로운 곡선으로 서로 짜여 고유의 리듬을 만들며, 그 순간 주관적 형상은 포착되어 인간의 얼굴 형상으로 드러난다. 전형적인 사각의 형태는 틀 안에서 벗어나 새롭게 형성되는 또 다른 공간으로 구성된다. 무언가 갑작스레 무작위로 끼어들기도 하며 분열된 형식들이 뒤엉켜서 재형성되기도 한다. 작품은 상황에 따라 가변적이며 단일하게 존재하다가도 마주한 공간에 따라 복합적인 하나의 무리로 형성된다. 즉, 우리의 삶처럼 맡겨진 흐름에 따라서 홀로 존재하거나 무리가 되어 퍼즐처럼 새로운 상황 속에서 맞춰가는 것이다.

이러한 작업을 지속하는 이유는 불완전한 세계 속에서 완벽할 수는 없지만 대체할 수 없는 인간존재로서 내가 가진 유일한 잠재성의 목소리를 내기 위한 몸부림이다. 그와 동시에 세상과 인간을 향한 끝없는 본질과 실존적 물음을 갖고 유머와 진지함 속 과거를 돌아보며, 동시대와 미래를 향해 새로운 가능성을 끊임없이 모색해 기존의 영역과 나 스스로 한계를 넘어서 새로운 장을 펼쳐나가고자 하는 선명한 의지이다.

2024. 5. 17. (금)
길을 걷고 꽃을 보고 구름을 보다가 흘러가는 구름처럼
날아가는 꽃잎처럼

2022.8.26. (금)
여름은 가고 가을이 오고 있으니 바람 불어 시원한 밤
독서실 금요일 밤 책과 마주 앉아 속내를 털어놓고
네가 아닌 너를 그려보는 우리는 만난 적도 없는
이상한 머릿속에 그려보는 그런 아득한 밤
마음이 울고 마음이 닫혀 다친 닻을
달아 멀리멀리 떠나봐도 결국 제자리인 밤에
너에게로 누구인지도 모를 너에게로 한 번쯤은
달려가고 싶어서 보고 싶고 찾고 싶은 그런 밤

2024. 3.
야당 잠시 머문 작업실
오피스텔 안, 냄새는 타인에게서 오는 음식 냄새부터 담배 냄새, 벽지와 바닥 방안 구석구석 밴 강아지 냄새까지 참으로 견디기 힘들다. 아무리 청소하고 수백 번 쓸고 닦아도 없어지지 않아 향수로 뿌려도 역시나 마찬가지다.

나를 믿고 더 믿을 수 있게 나아가는 것뿐이 없다. 그 누구를 믿을 수 있으랴. 사랑하는 어머니 그리고 나를 믿는 것! 그리고 아버지 남동생!

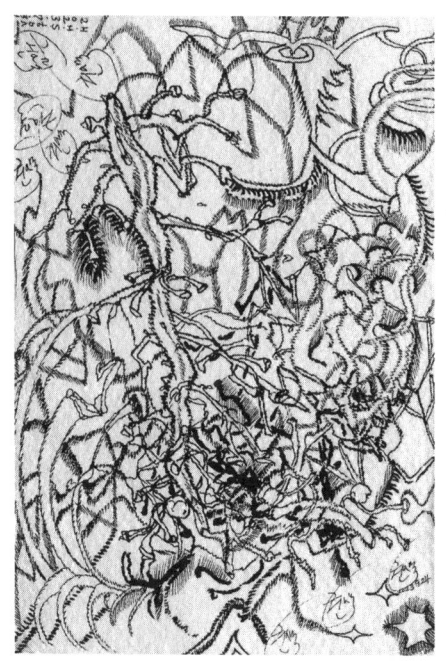

2011. 9. 13. (화)

비가 온다던 하늘은 높고 맑은 구름만이 한가득 가을밤을 먹고 배도 먹고 어젯밤 엄마와 침대에 나란히 누워 삶에 대해 넋두리하였다. 내가 느끼던 감정을 고스란히 느끼고 계셨다. 좋은 옷, 맛있는 것을 먹어도 아무 기쁨이 없으시다고. 허무 허탈 자신이 초라하게 느껴지기에 아무것도 아니라고, 가끔 그렇게. 나도 그런 증상이 몇 년간 지속되는 중이라 어떤 방법으로 치료해야 할지 고민이다. 현재 나의 모습은 그 어떤 의욕도 없이 모든 것은 충만하지 못하다.

책을 읽는 건지 티브이를 보는 건지. 이대로면 100퍼센트 후회할 게 뻔하다. 사람의 차이는 거기서 생긴다. 꿈의 가치와 양, 얼마만큼의 기대를 품고 나아가는가에 따라 스무 살이 쉰 같아 보이기도 하는 법. 내가 진정 원하는 것, 전 세계에서 활동하는 것. 한을 못 푸니 그 무엇을 해도 무가치하다. 이럴 땐 나만 생각하고 가야 한다. (그러나 그마저도 쉽지는 않다.)

꿈에서 어마어마하게 큰 탱크와 미사일이 뒤덮고 있었고 수많은 인파 속에서 숨죽이며 지켜보고 있었다. 머리 위로 총과 포탄이 날아다니고 군인들의 물품을 얻어 어느 평상에 사람들과 드러눕고 무기로 몸을 다 뒤덮었다.

날 죽이려는 무기와 눈이 마주쳤지만 정말 무사히 지나쳐

위기모면. 휴, 살아남았다. 천만다행. 이런 고비는 섬뜩했다. 난 살아남았다.

2024. 10. 1. (화)
약 2년 전부터 일자목에 통증이 있었는데, 엑스레이와 시티 촬영을 하며 다시 검사하니 4, 5, 6번 목 디스크 판정을 받았다. 고개를 숙이고 세밀한 펜화를 나쁜 자세로 무리하게 지속한 탓일 거다. 가급적 목을 최소로 사용하고 작업할 때 자세를 바꾸도록 해야 한다. 이제 더는 아프지 말자고!
모든 순간이 가치 있고 의미 있다.

2024. 10. 27. (일)
나는 진심을 원하는 것이라고

2019. 8. 28. (수)
비가 오고 기온이 10℃나 낮아지니 다시 뜨거운 여름에서 갑자기 시원한 바람이 부는 런던의 가을이 되었다. 분리수거와 청소를 하고 엄마와 타이밍이 맞질 않아 연락을 못 하고 나오는데 왜 눈물이 나는지. 괜히 투덜대고 아무것도 아닌데 동네 뒤 강가로 걸어오는 길에 눈물이 왈칵 쏟아지고 말았다. 물만 사 올까 말까 하다가 남은 돈이 좀 있으니 근처 레스토랑 겸 바에 가서 생전 처음 브런치와 토마토 주스를 시켜서 먹는다. 바람이 눈물을 저 멀리 말려주고 굽이치는 물결이 마음의 눈물을 흘러가게 한다.

2020. 1. 4. (토)
기존에 있던 그림 몇 점을 모아 정리하였다. 1일 하고도 4일이 된 새해에는 가족과 함께 행복한 시간을 보내는 중이다. 부모님과 남동생 그리고 나. 따뜻한 집에서 훈훈한 겨울을 보내고 벌써 꽃이 피는 봄도 기다리고 있다. 아침 양치질을 하면서 갑자기 좋은 이미지가 스쳤다. 작업의 새로운 방향과 좋은 느낌이 들면서 삶에 대한 만족도가 날이 갈수록 높아지고 있다. 아직 몸의 컨디션이 완벽하진 않지만, 어떤 강력한 믿음이 솟아오른다. 나이가 들수록 두려운 게 아니라 높아가는 행복감이 나를 감싼다. 이유는 알 수 없다. 길이 열리는 순간이 다가온다. 조금씩 충만해진다.

2024. 10.
타인에게 아무런 기대도 하지 말 것
더는 실망할 일도 바랄 일도 없을 것
그저 내 사람을 사랑하면 되니까

2019. 8. 9. (금)
전시 10시! 오픈 전! 그러니까 30분 전, 영국왕립예술학교 안에 있는 다이슨 갤러리에 도착! (Royal College of Art, Dyson Gallery) 혹시? 역시나.. 버스 타고 오면서 창문 너머 내 그림 종이들이 모두 와르르 바닥에 널브러지고 내동댕이쳐져 있었다. 다행히 찢긴 종이는 없었으나 설치법을 바꿔야 하나 생각하다가 다시 그대로 재설치해야 한다는 이야기를 듣고 부랴부랴 혼자 끙끙대며 차분히 재설치에 들어갔다. 그 순간 옆을 지나가시던 설치 기술자분이 계셔서 천만다행으로 도움을 받으며 대형 그림 설치를 신속하게 끝마칠 수 있었다. 정확히 오전 10시가 되어 모두 한자리에 모인 그 순간! 나는 그림 주변까지 정리를 마치고 끝내 무사히 숨을 내쉴 수 있었다.

위급할 때는 스스로가 위기를 모면해야 한다. 차. 분. 히. 할 수 있단 생각으로. 주변에서는 도움을 청하지 않는 이상 도와주지 않는다. 게다가 난 성격상 타인에게 도움을 요청할 줄도 모른다. 후유…!!! 그래도 하늘은 나를 도와주었다. 기적 같은 일이다. 아마도 작년 독일에서 누군가 끈적이는 테이프 자국을 기름 묻혀 닦은 자석 때문일 거다. 저렴한 양면테이프도 약했고 그래서 그림들이 자꾸만 떨어졌다.

결국 새 자석, 좋은 장비를 사 오지 않은 내 문제였다. 마음 아프게 그림에 상처를 내서 못을 박아야 했고, 거기다 그림을 뗄 때 저렴한 양면테이프 때문에 그림에 500원짜리 동전 크기의 구멍이 생겼다. 내 마음처럼. 뻥. 그림에도 불구하고 깨끗이 안전하게 철수를 마치고 무사히 그림을 갖고 돌아올 수 있어서 다행이었다.

2022. 1. 16. (일)
여전히 추운 겨울에
조금 더 반짝반짝 빛나는 그림으로 봄을 맞이해야지.
아직 보여주지 못한 것들과 보여줄 것이 많은 날들이
기다리고 있다. 따뜻한 날 만나요. 봄을 기다리며.

2022. 7. 24. (일)
진짜 사랑이 무엇인지 알고 싶다
가족과 애틋한 사랑이 아닌 불타오르면서도 잔잔한 그런
진짜 같은 진짜 사랑을 말이다 너는 내가 이곳에 있으니
나에게 다가오라고 일러두기로 하고 네가 나를 알아본다
면 나에게 링링을 함께 나누자고 반짝이는 우리의 빛처럼
무기력한 밤에 떠올랐던 그 새들을 천둥번개가 요란하게
쏟아졌던 알갱이들이 어린아이 목소리가 햇살을 뚫을 때
나는 고요하게 의자에 앉아 지구 반대편으로 달려갔지

2022. 4. 12. (화)

느낌이 좋다

그 무엇도 확정되지 않은 것도

아직 누군가를 깊이 만나지 않은 것마저도

나는 참 좋다 잘했다

그리고 여전히 부족하지만 기대되고

좋은 일이 가득할 날들

그래서 그냥 좋다

2024. 10. 27. (일)

10월의 끝자락 단풍잎은 노란빛에서 다홍색 빨간색으로 물들어 지나가는 사람들에게 말을 건넨다 이것은 너의 색이야 아니 나의 색이 아니야 하나로 설명되지 않는 색이 나의 색인 것 같아 환상으로부터 깨어지기로 약속할 때 다른 환상이 끼어들고 있다

혼자에 익숙해져 혼자가 아니고 싶을 때 결국 혼자에 머물게 되고 이상적인 삶은 오늘이다 도피하지 않고 맞닥뜨려 인정하는 찰나에 뛰어들 수 있는 것은 선 하나, 그 획 하나 그림과 글 시각과 언어의 놀이터 이곳에서 겁 없이 형태 없이 향을 맡고 맛을 느끼고 소리마저도 깊숙이 저

축한다.
너를 만나고 나를 만나며 웅크렸다가 꼿꼿이 목에서 이어지는 척추와 탁해진 공기로 혼미해질 때 창문을 열어 환기시키는 가을바람, 낙엽 향기로 책장을 넘기고 키보드를 두드리고 펜이 미끄러지면 완성되는 날 완벽한 삶

2024. 5. 30. (목)
선을 따라가고 마음이 닿을 시간

2022. 11. 10. (목)
한 아름 저장해 둔 내 마음
너만 찾아와 그 향기에

2024.
결혼을 생각할 나이 (가능할지 모르겠으나)
언젠가는 좋은 아내, 엄마도 될 수 있기를

2024. 11.
아프지 않고 건강한 날들이
슬프지 않고 행복한 날들이
가득했으면 좋겠습니다
언젠가 찾아올 진심 가득 담은 사랑에게도
마음을 내어줄 수 있기를

2024.11.15. (금)
이 책으로 곧 다가오는 생일을 맞이하여 저에게 선물을 주기로 했어요. 여전히 해보지 않은 진정한 사랑을 찾아가고 있으나 진심을 주고받는 일이 쉽지 않음을. 채우고 비우면서 창작을 벗 삼아 새롭게 성실히 그림과 글로 누군가의 마음을 조금이라도 움직일 수 있다면 더할 나위 없이 감사한 일일 테지요. 맑은 몸과 마음으로 건강하게 오래도록 창작할 거예요.
우리는 이제 다시 시작이니까요. 고맙습니다.

2024. 10. 24. (목)

도서관에서 책을 빌리고 달려온 재즈 음악 카페, 커다란 오디오 두 대와 찌지직 섞인 LP 재즈 음악은 정오를 자정으로 환기해 주는 매력이 있다. 이 공간 가운데 스피커 앞 나는 홀로 자리를 잡고 달그락 소리가 좋은 머그잔에 담긴 따뜻한 거품 라테를 한 모금 맑게 각진 유리컵에 생수를 들여다본다. 투명한 컵에 담긴 물과 검은색 컵에 담긴 브라운 거품 라테는 마치 축소된 삶 같았다. 하얀 티슈를 브라운 나무 탁자를 종이를 펜을 써 내려갈 때 쿵쾅거리는 울려 퍼지는 마음의 고요를 깨트리는 이따금 유리잔 부딪히는 소리가 반갑고 말없이 소리에 집중한 채 삶을 내 삶을 들여다보는 일을 몰입할 때 다시 시작할 힘을 충전하는 시간을 갖는다. 모든 일이 뜻대로 되면 좋겠으나 그렇지 아니할 때 달려온다. 이곳에서 쉼과 일 그리고 놀이 사이에서 목을 숙이면 찾아오는 고통이 더뎌지려면 줄여야 하는 커피 세 모금과 늘려야 하는 걸음. 그대로 곁에 함께해 주는 사랑하는 가족, 부모님과 남동생. 어떻게 더 유의미하게 또 자립을 위한 삶을 살아가려나 한참을 고민해도 쉽사리 풀리지 않는 일들에 우리는 그냥 받아들이기로 했다.
비우고 또 비우다 보면 노력이 쌓이다 보면 펼쳐지리라고 많은 것을 태웠으나 다시 돌아온 원점은 자연스레 시작하기 좋은 작업이 물들고 지는 나뭇가지 아직 비워지기 전에 시작되는 적당한 시점에 서 있는 지금은 되려 마음이 편안하다. 헛된 욕심과 망상을 치워버리고 날것을 노출하여 쌓아 가면 튼튼한 기둥이 세워지리라고 그렇게 이미 삶은 시작은 되었다 우리는.

2022. 11. 7. (월)
떨리는 선들은 기하학이 되었고 추상이 되었다 의식 없이 흐르는 눈물의 공간 서로 이야기하고 있다가 내가 말하고 싶은 것의 원인과 결과가 그곳에서 만나는 동안 넌 거기 없었다 네 눈앞에서 나는 그때 너를 생각했다 오래전에 너는 이미 너를 잊었고 무지개 위를 걷는 것 순간에 다시 나타난 구름이 옆을 걸어가고 있었다

2022. 10. 22. (금)

비워진 마음 위로
뜨거운 영감을 휘저으며
이내 돌아오다가
다시 또 저 멀리
그럼에도 강렬하게 굽이치고
영혼을 토해내는 작업을
온전히 빠져들어 시작해야
내 사랑을 만나게 된다면

그전까지는 모든 것을 던져야

그래야만 오늘과 내일을 온전히

살아갈 수 있을 것이다

2022.
여름을 바퀴 삼아
가을을 타 고 겨울에 닿 았다
풀향기 눈꽃송이에 숨 기고
꽃잎으로 눈사람의 심장 을
잎맥 따라 타 오르던 녹인 눈
사람 초겨울에 더 생각이 나 담아둔 향기 꽃
눈송이

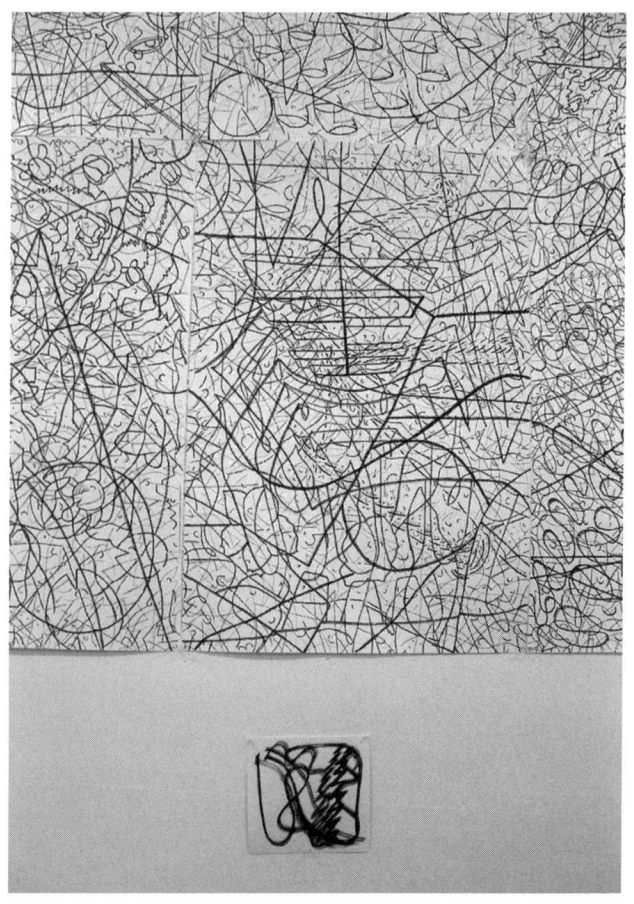

2024. 11. 11. (월)

넓고 푸른 바다가 보고 싶어서
바다 끝으로 나의 소망은 밀려나 버렸어요. 한 치 앞도 보지 못하는, 아니면 저 푸른 하늘과 바다 끝이 맞닿은 지점에 밀어 넣은 건지도 모르겠네요. 물결의 파동으로만 물속에서 피어나는 꽃을 잠시 생각해 봤어요. 그것이 당신의 음성이라면 나는 대답할 준비가 되어있다고. 자갈과 모래가 뒤섞인 곳에서 잠시 멈춰있어요. 소라 껍데기에서 빛을 가진 반달이 숨어있고요. 홀로 서 있는 이 자리에서 빛으로 흠뻑 샤워하다가 가슴에 돋은 붉은 뾰루지 가라앉으면 바다 앞에서 하늘 앞에서 밝게 인사하고 다시 시작할래요.

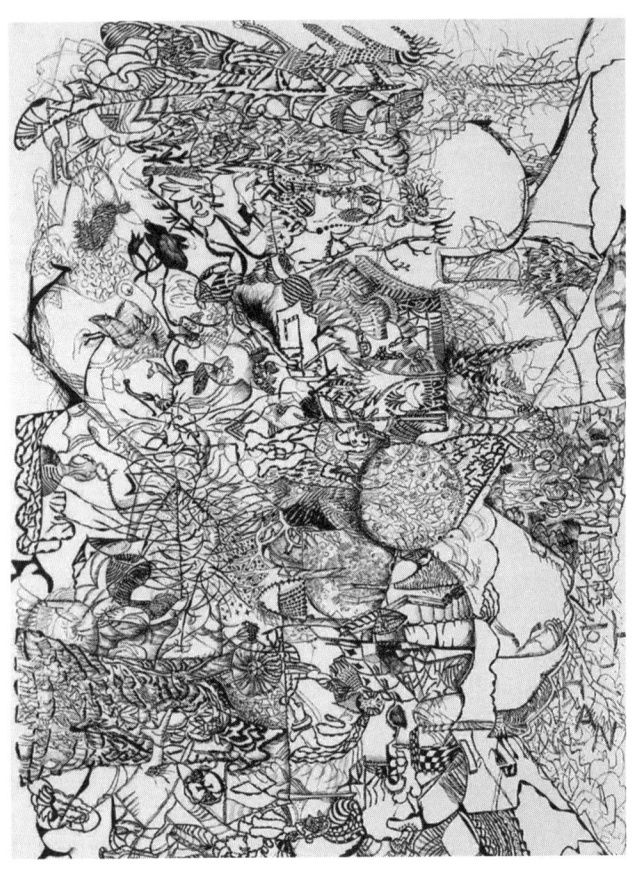

3. 아무것도 있다, 잇다

모호해지기도 하면서 단순한 삶 속에
실체가 없다는 것
뚜렷해지다가 어슴푸레한 안갯속을
걷는 듯한
모든 열망은 갑자기 피어나기도
순식간에 사라지기도 한다
아무것도 없다 아무런 기약도 없다
그것이 나를 약속하게 만든다

희박한 가능성 속에서 꿈틀대는
개인의 삶과 희망 그리고
떠다니는 꿈들의 향연
모든 것이 이토록 허무할지라도
하나의 빛을 통해
세상을 바라보는 것이다

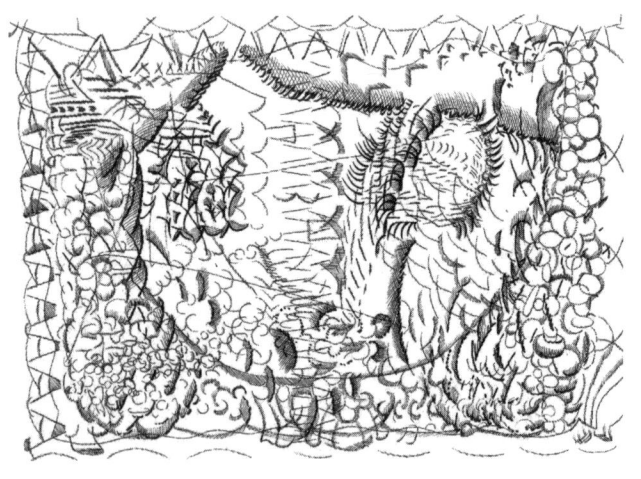

어쩌면, 이 짧은 순간 속에

너와 나는 하나로 엮이며

또 다른 감정들과 마주한다

그것은 혼합되고 침투되어

새로운 형태로 만들어진다

손끝을 통해 마음으로부터 흘러나오는

음악의 리듬이 선이 되고 색이 되며

펼쳐지는 감각과 감성의 구축은

또 다른 가능성을 생산한다

막.연.함과 불.안.함
기.대.감
아무 불안도 아무 기대도
그러나 행복하기

그림 속에서 창작 속에서
기쁨을 찾고
외로움을 사귀고 그 속에서 사랑하라
꾸준히 사랑해라
그 속에 빛이 있고 새 삶이 있다

손끝은 시린데

마음은 뜨겁게 타오르는

이 느낌이 좋아

점점 서서히

그렇게 조금씩

그냥 혼자서

그대도 그때도 어디쯤
언저리에 자리 잡았나요
내 손은 닿지도, 안 닿지도
않아서 나오지 않는 목소리에
저쪽에서 들려오는 휘파람
소리에 내 귀는 팔랑팔랑
나부끼는 잎사귀의 끝에서
매달린 이슬방울처럼 나는 위태롭고
내일은 멀쩡하고 혼돈 속에
정리된 이상향을 걷는 기분
구름을 내려다보았을 때
구름 속을 뚫고 지나가는
소리가 들려와 그러면 구름은
위에 가 있고 닿은 줄 알았는데
금세 스쳐 지나가 빠져나간 것 같아서
동동 데구루루 깔깔대다가
조용해지는 고요함 적막함 속에 흐르는
빗방울이 퍼져가는 물의 음성 타고
바람에게 손 내밀어 옮겨 달라고
할
래
요.

시간은 침묵 속에서 흐르고

끝없는 환상 속
눈물에 젖은 베개
오래 쫓던 꿈 속에서
나의 모습은 외딴섬
그 많던 웃음은
감춰지고 쏟아내는
눈물에 흥건히 얼굴을 적시며
모든 것을 포기해야 할까?
그 많은 것을 포기한 삶은
아무것도 남기지 않은 채
또 다른 포기를 원하는 것일까

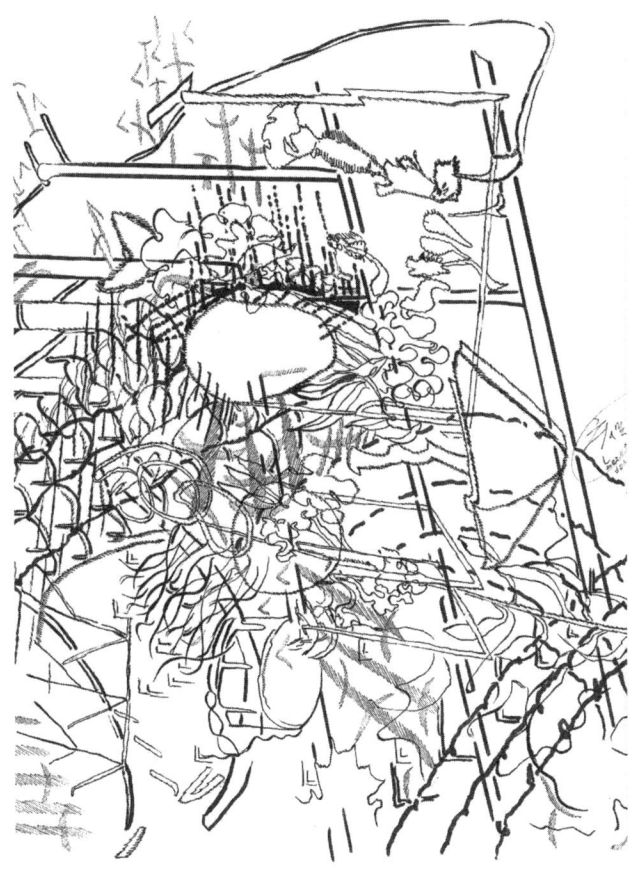

현실을 펑 하고
무너뜨리면서도
희망을
발견해 나가는 것은
얼마나 두려운 걸까
동시에 비참함을 말할 수도 있다
혹은 또 다른 이상향을 향한 그리움을

자가당착에 빠지지 않고
합리화하지 않는 냉정함 속에서
판단해 나가는 것조차도
수많은 오류 속 또 다른 오류를
양산할 가능성이 있다

그냥 조금 더 가볍게 살아가야겠다

나는 굉장히 눈물이 많으면서도 스스로

단단하게 하는 힘이 있다

많은 이들이 그렇듯 자신의 영역에

어떤 신비한 존재가 있다고 믿는 것처럼

네모 속 동그라미
창틀에 담긴 둥근 해
모니터 안에 너의 얼굴
액자 속 활짝 핀 꽃
높이 나는 연의 숨 공간
책 속에 마침표
네모난 내 마음에
동그란 너의 마음이

은색 비닐 물고기

날 수 있는 물고기의

비밀을 알아버렸다

겹겹이 모여 수군거리던

은색 비닐들은 모의를

하고 바늘로 엉켜진

녹록지 않은 설킴이

날아버리게 달아나 버리게

날 수 있는 물고기의

비밀을 알아버렸다

이토록 우리는 그 짧은 순간에
모든 것들을
색의 변화를 감지하기 위해
나무에 달린 살구와 삶지 않은
달걀을 깨트렸다
유리의 투명함이 통과되는 색
내 삶은 더 이상 붉지도 묽지도 않은 살이다

여전히 나는 걷고 또 걸었다
내 안에 어둠이 나오려 한 것이다
흐린 먹구름 비 사이에서 뿌려지는
어둠이 나를 적셨다 나는 삶의 아름다움 앞에서
피어오를 듯한 감흥이 이내 사라져 버려
또다시 제자리인 것만 같다
여전히 나는 어리기만 하다

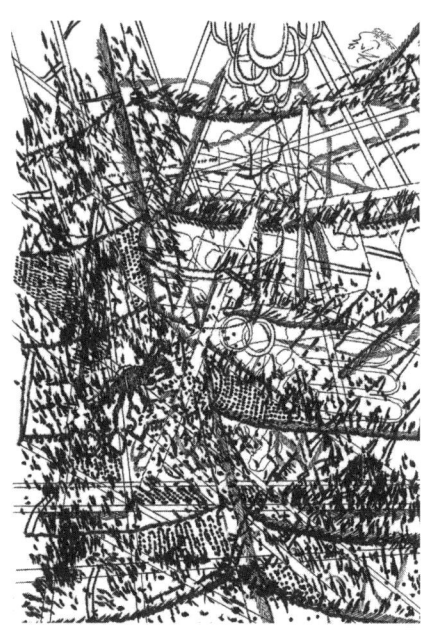

잠깐의 마주 봄과 멀어진 후의
애틋한 공허함 어찌할 바 모르겠는 그리움의
고통과 조금은 서로에게 이기적일 수 있음에
등 돌린 고집스러운 길 위에서
하나의 어리석은 기대를 품곤 했었다
스스로 주체 못 할 힘든 나날 속에 단호히
무뎌지기 위해 나는 비 오는 검은 밤을 홀로
여러 번 삼키며 둥근달을 품었던 빛의 모습을
애써 부정하며 곱지 않게 단정 지어 버렸다
그러고는 반달로 갈아버리고는 빛을 잃어가게
내버려두었다 반대편 반짝거리는 별들이
내게 오려나 나는 구름 뒤로 숨으며
밝은 태양이 떠오르기만을 기다리며
어느덧 시간은 어제의 그날이 되었다

조금
내려놓고
살아가고
사랑할 것들

흘려버린 시간 속에서 많은 의문을 품고 있다
가두지 못하고 흘러나오지 못한 것들의
노여움은 무엇으로 닿을 수 있을까
헛된 욕망으로부터 나약한 심연의 깊이는
철저히 골짜기 너머로 그믐달 드리워진
어둠으로 홀연히 사라져 간다

잠재된 욕망 속에서 끊임없이 갈구하는
허상의 것을 통해 나아가려는 인간 존재의
의미에 대해 뾰족한 기하학 구상으로
의미가 퇴색된 시선의 허무함을 통해
바라보는 것 딱딱하게 멈춰버린 공간 속에서
우리는 무엇을 바라며 찾고 있는가

일상 속에서 미련하게 떠내 보내지 못하는
현상들은 회오리처럼 돌고 돌아 돌풍을
일으키거나 작은 먼지 한 톨도 뭉쳐지게 만드는
일련의 모음 속에서 순환하는 것이다
사람의 일순간 일평생 모든 것의 의미가 있다면
그 모든 파편들도
모조리 의미 있음으로 엮어놔야 할 것이다

나는 그림을 사랑하고 글도 사랑하며
음악도 사랑하고 너도 사랑할 것이다

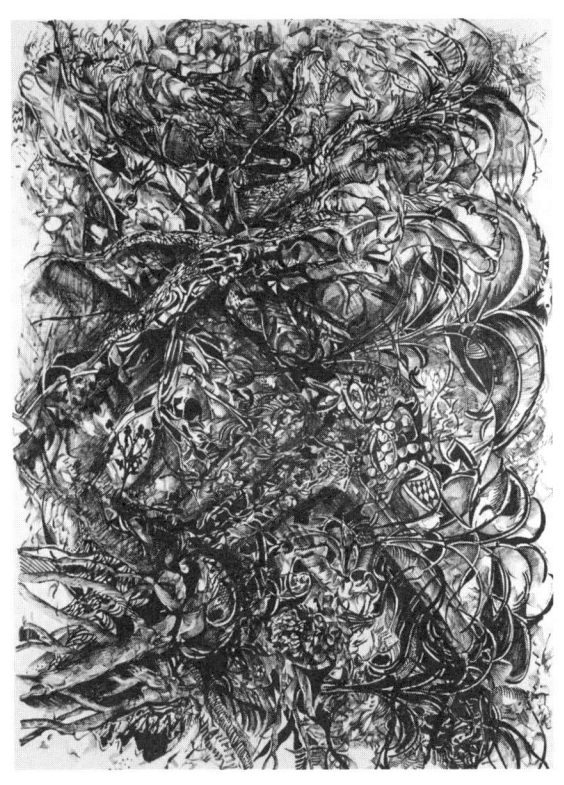

간철기

철저히 혼자인 시간을
필요로 할 때가 많았다
혼자서 작업하고
작업을 하기 위해 혼자이고
이렇게 익숙한 시간 속에서
마지막 학기를 보내고 있다
'마지막'이란 단어가 울컥하게
다가오는데 그 끝에는 또 다른
시작이 기다리고 있을 테지
다시 밀려오는 '그 무엇'을 이내 삼킨다
안도현 시집 '간절하게 참 철없이' 제목이
내 삶을 요약해 주는 듯
여전히 나는 참 철없고
간절한 그 무엇만이 있다

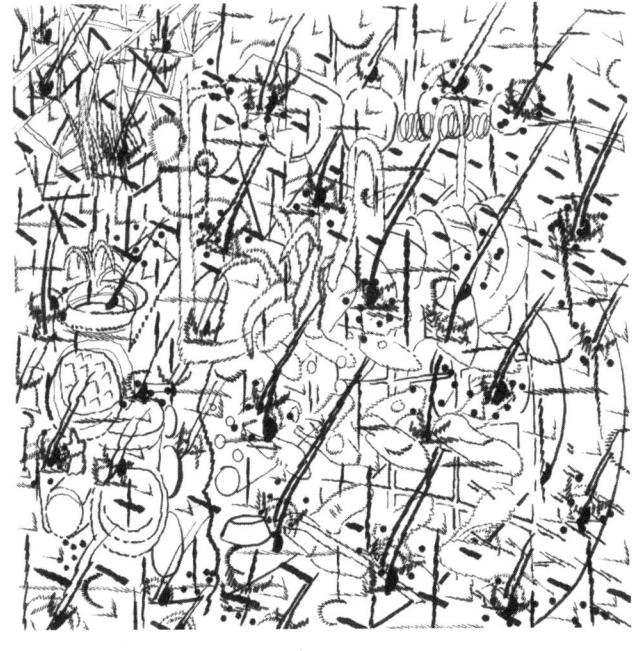

수많은 존재의 암시는 내던져 있거나 엿보고 있고 자신을 드러내기도 한다. 쉼 없이 천변만화하는 만화경처럼 인간과 삶 속에서 피어나는 모든 것들도 끊임없이 변한다.

이처럼 변화하거나 사라지는 존재들에 대하여 근본적인 존재의 물음과 이해는 반복적인 선 긋기와 면의 형태로 이상적인 패턴을 만들어 나간다. 불분명하면서도 분명한 형태와 의미는 정신의 시각화로 재인식되고 확인되는 과정을 거쳐 새롭게 생성되는 무리 속에 홀로 피어나는 모순적인 상황이다. 현시대의 불안과 이상에 대한 복합적인 내적 충돌을 불러일으키며 그럼에도 찬란하게 빛나는 것이다.

감정의 느낌과 감각의 몸짓은 잠식된 기존 질서의 파괴 욕구로 무한히 반복되는 해체된 구성을 통해 혼란 속에서 변주된다. 떠도는 환영을 화면 안에 고정할 때, 흘러가는 시간을 공간 안에서 흐르도록 규칙을 만들어감과 동시에 정해진 궤도를 이탈하여 유한한 존재에 관하여 긍정도 부정도 아닌 모호한 순간들을 오가는 찰나의 연속이다.

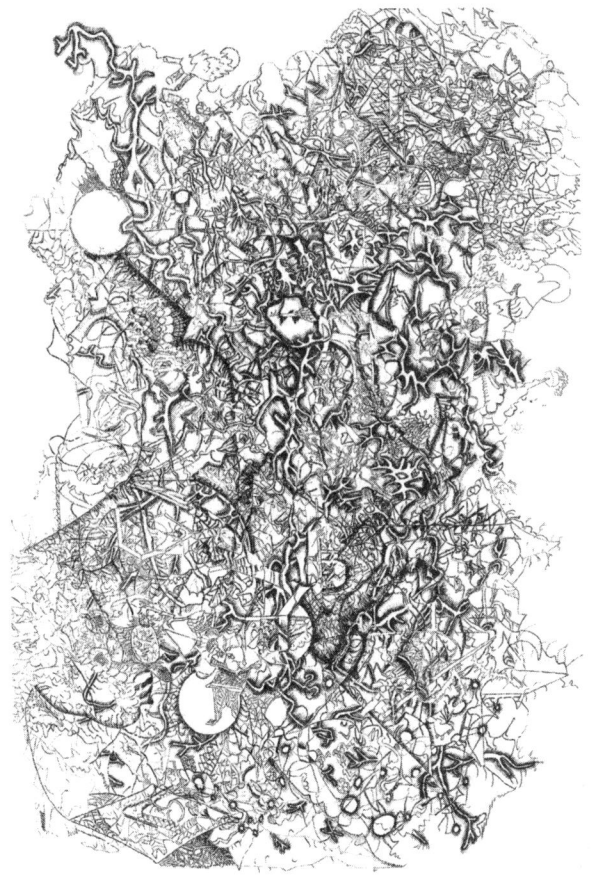

누구인지는 몰라도
당신을 만나면
우리 먼 곳에서라도
마주하기를

누구인지는 몰라도
당신을 만나면
우리 스쳐 지나가더라도
한 번쯤 고개 갸우뚱거리기를

누구인지는 몰라도
당신을 만나면
우리 가까운 곳에서라도
서로의 이름 묻기를

누구인지는 몰라도
당신을 만나면

그대의 눈이 가짜를 말한다
그대의 눈은 진짜를 말한다

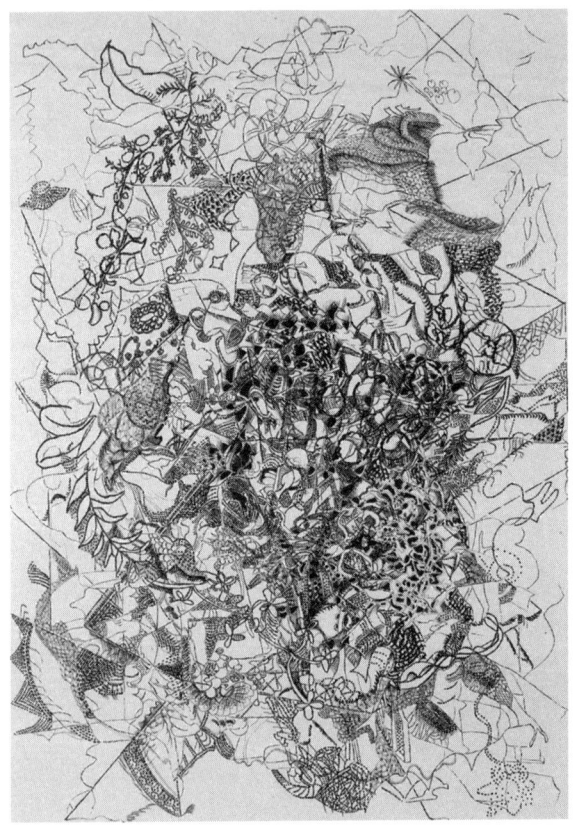

조금은 더 차갑고 따뜻한
식어버린 타오르는 낮과 밤에
고요히 일렁이는 빛무리 따라
너도나도 흐르고 아무것도
그 무엇도 없거나 있는 시간이
조금은 그립고 때론 지치고
기대와 흥 속에 가깝게 멀어져 가는 것들이
보고 싶은 건지
보고 있는 건지 알 수가 없어요 난

네가 아프면 나는 더 아파져
그러니 아프지 말고
낙엽 지기 전에 너는 초록이 되어
햇살 향해 고개 들고
향기로 가득 채워주오
내 손발이 얼기 전에
내 마음을 밝혀주오

계절이 멈추고

멈춰버린 계절은

다시 또 돌고

그 계절이 되고

쓴 달콤한
쓰다 써
혀 안쪽 쓴맛이
글을 삼키고

목구멍으로
초콜릿 한 입을 삼켰다

달고 달은 그런
쓰고 달콤한 맛

부은 위가 달콤한 맛만 찾다
쓰라린 위로가 될까

단것은 돋아난 붉은
염증이 되고 지워지지 않는
아픔의 흔적이 되고

내 아픈 무리는
부정했던 고통에 몸부림이여

이미 지나갔거나 아직 오지 않은 시간을 정지된 화면에

존재하지 않는 기억의 감정과 머무르게 하고 싶었다

웃지도 울지도 않고 알아볼 수 없지만 어렴풋이 인식할

수 있는 것 불분명한 형체 속 분명함을 말하는 기억의

편린을 마주 보지만 닿지 않는 시선

이곳에는 아무것도 있다 잇다

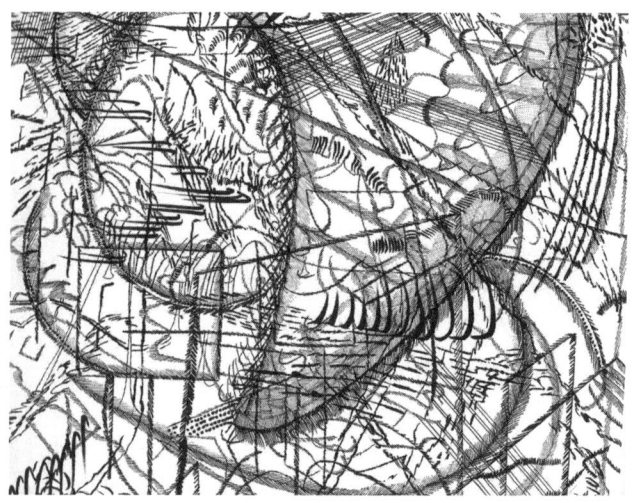

침묵의 향연

무언의 그림자

숲 속의 노란불

내가 사랑할 수 있을까

우리가 사랑할 수 있을까

어쩌면 아니면 그러면

눈이 부시도록 빛났고
마음에 빚졌고
일렁이는 빛 너울 앞에
나는 울렁였다
그것은 너에게로
가는 길이어서
눈이 부셨고
마음은 부서졌다
왈칵
쏟아버린 눈물이
또르르 바퀴 아래 흩어져
모든 기억이 짓밟힐 땐
부서지기 쉬운 눈부심에
찬란히 빛나던 눈을 기억한다

가을로부터 알 수 없는 누군가를 향한
그리움을 만들어내는 계절
작은 풀이 바람에 이리저리 왔다 갔다 하는 정도의
마음이 싱숭생숭
그 누군가 가보지 않은 길을 걷는다
자갈길도 모래밭도 아니다
터벅터벅 아스팔트든 초록 풀 위로든 걷는다
그냥 걷는다

온종일
피곤한 죄
나약한 죄

피한 죄
나한테 죄

온몸에
맡긴 채

나에게
자책한 채

긴 긴 밤

애써 본다
애써 괜찮다고
내 마음을
내가 모르는 척
하는 동안

긴 긴 밤
얼마나 지나쳐왔나
태연하게 머물다
아련하게 스치다
긴 긴 밤

손끝으로 붉은 눈을
콕콕 찌르던
긴 긴 밤

작업을 깊이 있게 쌓아가는 만큼 탄탄해지는 것들 외에 반대로 가벼운 마음으로 창작하는 마음은 변하지 않는 것이 중요하며, 내적인 성숙은 작품에 표현되고 감정의 느낌과 감각의 몸짓을 온전히 받아들이며 진실을 그려나가는 것이다 왜곡되거나 혼란스러움 혹은 무의미할지라도 그 속에서도 꾸준하게 나의 것을 나답게 그려내는 일

백발 할머니가 되어서도
어린아이 같은 마음으로 창작하는 것

답 없는 길에서 답 찾는 사람

우리는 나약하게 태어난 것인가
혹은 선함과 함께 나오는 빛들의 찬란함은
살아가며 부딪히는 것들을 통해 강하게
타오르는 것인가

위기의 정복, 저항의 눈빛,
꿋꿋하게 견디며 이겨내는 것들
고요하게 타오르는
그렇게 살아가고 있다

내게 모든 것은 한 방향을 그리고 나를 위해
따라온 몇 마디는 추운 바람결에 흩어져 버렸고
남은 모든 것은 튜브 물감에 넣어버렸다
화살 표시를 따라 검지의 인사를 받으며
미끄러지는 주먹으로 그려보았던 것
그것이 전부였다
불분명한 형체 속에서 허둥대는 미지의 세계가
나를 허락해 주었다

오고 가는 사람이 많은 함부르크 중앙역 앞
한쪽에서는 큰 소음이 들리는 청소차가 거리를 치우고,
그 주변에서 꼬깃꼬깃 구겨진 연주 복장을 한 남자는
자신의 악기를 들고 뭔가를 연주한다.
나는 잠시 귀를 기울여 보기로 한다.
음악 소리는 청소차 소음에 가려져 악기 목소리는
흩 어 지 고 흡수되고 어떠한 음인지 낯설어진다.
그런데도 그 남자는 한치의 동도 없이 자신의 연주를
이어 나간다.

군중 속 홀로 연주
청소차 소음에 가려진
오가는 사람들이 눈길조차 주지 않는
그러나 꿋꿋하게 익숙한 듯
자신의 소리를 이어가는 그 뒷모습이 애처로워
보이다가도 익숙한 내 모습과 교차하는 건 왜일까.

어떠한 마음이라도 좋다
마음이 전해지는 것
그래서 예쁜 마음을 전하고 싶은
전해지는 그런 순간이 오기를

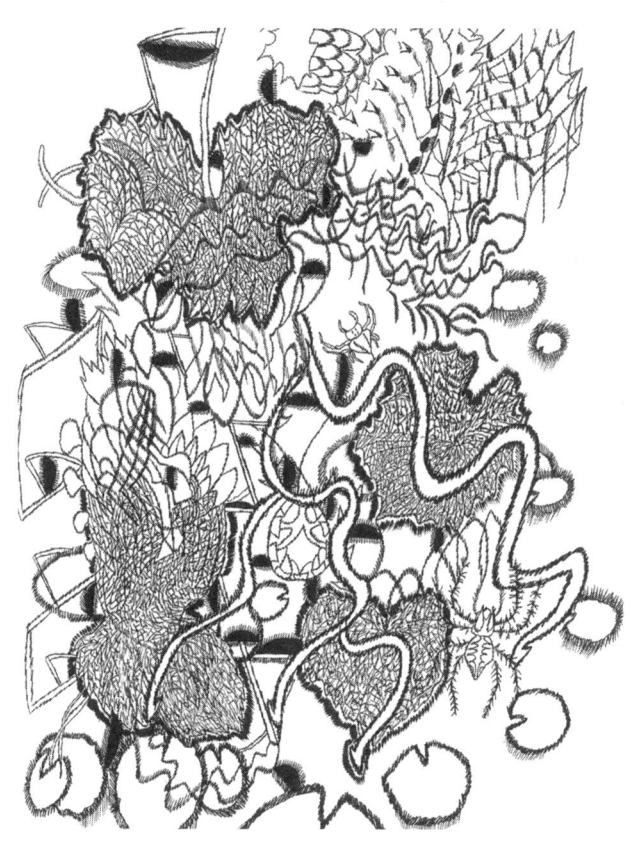

두둥실 떠도는 어떤 것들 사이

구름에서 쏴-아 한 아름 폭포가 쏟아진다
두둥실 벼 이삭들은 춤을 추다가
어두운 별들이 쏟아질 때 다시 무리가 되어
잠이 들고 실낱같은 이슬방울들이
벼 위에 달라붙어 한 움큼의 빗줄기를
땅 위로 뿌리 운다
아-아 한숨 가득 탄식을 쏟아내니
저 산 위에 새들이 소리 없이 구름 위로
날아가 버렸다

정리의 시간
다시 처음으로 되돌리는 시간이 다가온다
정든 작업실 어두운 일 평 창가 자리에서
많이 넓어진 두 번째 내 공간
하얀 벽과 구석 조명이 있어 좋은 자리였던 곳
이제는 또다시 비워지고 채워지고
다른 이의 공간이 되고
사람도 떠나고 공간도 떠나고 또다시 만나고 그러겠지

지금의 내가 가장 좋다

현재 나의 외적인 면뿐만 아니라

내적인 것들까지 가장 아름답다

내년이 오면 그날의 오늘도 그럴 것이다

거꾸로 흘러가다 나는 놓쳐 버리고
거울 사이 내 가슴을 댄 채 커다란
바늘로 콕 콕 나쁜 것들을 몇 번씩
빼낸다 고통은 기억을 수반하고
잠재된 기억은 비행기 아래로 낙하시킨다
그러면 나는 구름 위에서 아래로 흩어지며
비가 되어 알 수 없는 누군가의 눈 속에
들어가 뺨 위로
흐르고 다시 땅속뿌리에 저장되어
내년 봄에 다시
초록을 띄울 것이다

세상에 다가가는 것

비우고 채우는 삶을

영에서 시작하면 영이 될까

또다시 홀로
아무도 모르는 곳으로 간다

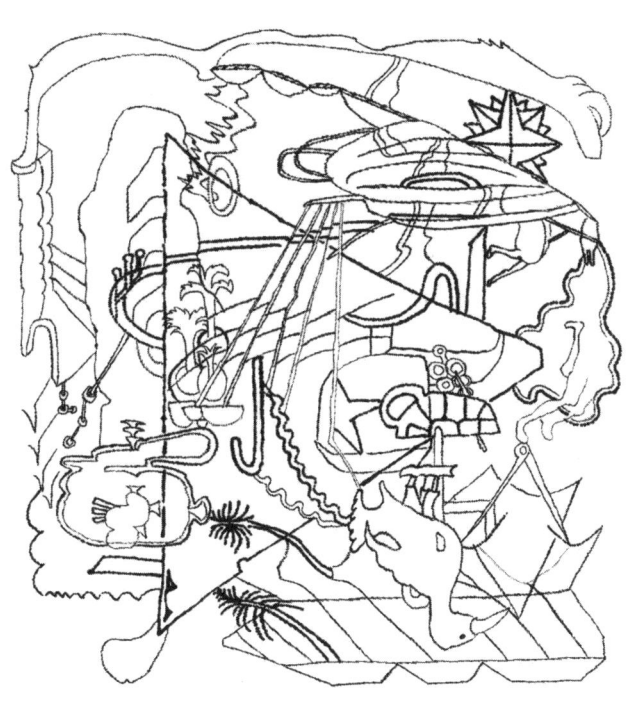

귀한 것
결국 머무르는 것

파란 기억
파란 기억을 넘보는
노랑 기억에
파란이 많던 황혼의
노을이

파란 기억을 넘보는
빨간 기억에게
파란이 많던 나라의
피투성이를

파란색 종이 만 장을
채우며 써간
파란만장한
날들의 기억이

푸르게 하늘빛으로 물들어 가길

걸어가는 비바람과 햇볕 그리고 달빛 아래
숨 쉬는 고요한 빛 더미

파도 타고 빗줄기 타고 빙빙 돌아 도착한
알 수 없는 곳에서 헤매다 잠들곤 해

아무도 없는 곳에서 홀로 노래 부르네
목 놓아 부른 그 노래 향에 취해

겨울 바다 세찬 바람에 떠도는 빛과 소음이
곤두박질쳐 달아오르는 열기에

나는 녹아버린다 슬금슬금 다가오는 그림자는
나를 이끌어 정처 없이 헤매다 돌아오면

떠오르는 태양에 어느새 저물어가다
타오르는 달무리에 꿈을 싣고 잠이 들고

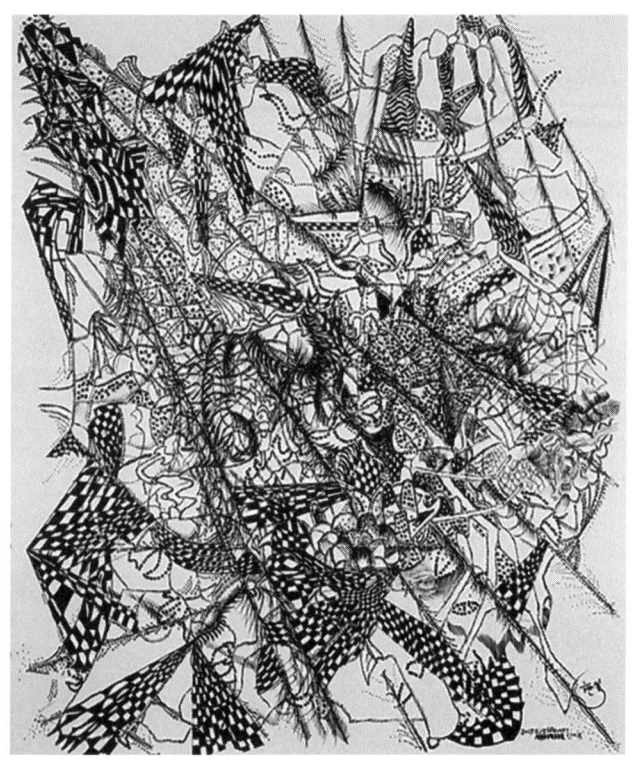

부유하는 먼지 속에 미세 입자들
안에 잘게 쪼개진 별 모양의 것들이
머릿속에 들어와 화살을 겨눈다
종종 억지스러운 생각이란 틀에
나를 묶어두려 해서 그만두고 싶었다
모든 것의 종착점이 어디인지는 몰라도
여기가 끝인가 싶다가도 내일이면 마치
아무 일도 없던 듯 나의 눈물은 마르고
꽃잎도 나뭇잎도 타들어 가고
무지개는 보고 싶고 러닝머신 위에
당근을 갈면은
흙이 되고 덮어두고
흙이 되고 묻어두고

한미숙(나라한 아름다울미 맑을숙) 작품 목록

1. 의식 없이 흐르는 눈물의 공간, 31.7x26.3cm, 종이 위 먹, 2022 – 9
2. 아무것도 있다, 잇다, 112x77cm, 종이 위 펜, 2016 – 13
3. 퍼즐이 맞춰지면 다이아몬드, 24x21.5cm, 종이 위 컬러펜, 2024 – 16
4. 낙엽춤바람, 26.4x15.8cm, 종이 위 펜, 2021 – 19
5. 낙엽, 잎, 입, 26.8x27cm, 종이 위 펜, 2021 – 23
6. 바람의 붓, 22,24cm, 종이 위 먹, 2022 – 25
7. 극에 달하는 선들이 감싸고, 21.3x19.5cm, 종이 위 펜, 2021 – 31
8. 겹치는 시간, 16x33.3cm, 종이 위 펜, 2021 – 43
9. 흘러간 폭죽의 잔상, 23.8x21cm, 종이 위 먹, 2022 – 49
10. 아르마딜로, 25x28cm, 종이 위 펜, 2022 – 52
11. 주름직선, 36.7x24.5cm, 종이 위 컬러펜, 2024 – 53
12. 꽃 그리고 가지는, 24x24.3cm, 종이 위 컬러펜, 2024 – 57
13. 거울가지는 빛을 여몄다, 24.8x32cm, 종이 위 먹, 2022 – 67
14. 나의 어머니를 위하여, 23.7x27, 종이 위 펜, 2021 – 71
15. 말라버린 살아 있던 장미 같은 너, 22.5x38.7cm, 종이 위 펜, 2021 – 77
16. 너울, 20.5x23cm, 종이 위 펜, 2021 – 86
17. 건축된 직선, 24.5x21.5cm, 종이 위 펜, 2022 – 94
18. 반짝반짝 (1, 2, 3), 20x20cm, 종이 위 펜, 2021 – 97
19. 여름, 28x18.3cm, 종이 위 펜, 2018 – 99
20. 쿵, 23x23cm, 종이 위 먹, 2022 – 104

21. 물 자국이 지운 시간, 28.5x24.8cm, 종이 위 먹, 2022 – 109
22. 소용돌이꽃, 23x18cm, 종이 위 펜, 2021 – 113
23. 바라만 보는, 15x11cm, 종이 위 펜, 2023 – 121
24. 베이컨가든, 34.8x26.8cm, 종이 위 컬러펜, 2024 – 130
25. 흘려 쓴 파도, 28.5x23.5cm, 종이 위 펜, 2022 – 131
26. 여름을 바퀴 삼아 담아둔 눈꽃송이, 24.5x21.5cm, 종이 위 페, 2022 – 135
27. 변형 가능한 드로잉 2 부분, 224x385cm, 종이 위 펜, 2020~2021 – 136
28. 패턴화 된 ㅁ.ㅅ, 76x56cm, 종이 위 펜, 2017 – 138
29. 흔들리는 손을 따라, 25x26.3cm, 종이 위 먹, 2021 – 139
30. 아이돌, 23x32.5cm, 종이 위 펜, 2021 – 140
31. 미어지는 파도, 30x25cm, 종이 위 먹, 2022 – 144
32. 유기된 희망이 반짝이며 드리운다, 28x25.7cm, 종이 위 펜, 2022 – 147
33. 뿌려진 먹구름 (특별지각), 28x20.8cm, 종이 위 펜, 잉크, 2022 – 153
34. 둥근달을 삼킨 밤, 15x11cm, 종이 위 펜, 2023 – 155
35. 제목을 붙일 수 없는 그림, 76x56cm, 종이 위 펜, 잉크, 2016 – 159
36. 비가 올 때 피어나는 꽃, 20.2x20.8cm, 종이 위 펜, 2021 – 161
37. 소름눈물, 112x77cm, 종이 위 펜, 2017 – 163
38. 화려한 샹들리에, 26.7x21.7cm, 종이 위 먹, 2021 – 165
39. 짜여진 얼굴, 76x56cm, 종이 위 펜, 잉크, 2017 – 166
40. 다르게 돋보기, 머무는 시선 1, 2, 26.7x30cm, 28x28.5cm,

종이 위 펜, 2022 – 172
41. 다르게 돋보기, 머무는 시선 3, 29.7x26.5cm, 종이 위 펜, 2022 – 173
42. 콕콕 형상적 변이, 25x21.2cm, 종이 위 펜, 2021 – 179
43. 꼿꼿 꾹꾹, 21.7x17.5cm, 종이 위 펜, 2021 – 183
44. 전해지는, 전하는 순간에, 22.3x25cm, 종이 위 펜, 2024 – 186
45. 두둥실 떠도는 어떤 것들 사이, 25.5x32.5cm, 종이 위 펜, 2020 – 187
46. 구름에서 이슬방울, 20.2x17.5cm, 종이 위 펜, 2021 – 188
47. 반짝반짝 2 , 20x20cm, 종이 위 펜, 2021 – 190
48. 비우고 채우는, 25x22, 종이 위 펜, 2024 – 192
49. 또다시 홀로 결국 머무르는 것, 19x18.5cm, 종이 위 펜, 2018 – 193
50. 펼쳐진 얼굴, 30x25.5cm, 종이 위 펜, 2017 – 196
51. 부유하는 미세 입자, 23.3x18.3cm, 종이 위 펜, 잉크, 2021 – 198

세상은 나를 비춰
아름답고 오래도록
빛나게 한다

1판 1쇄 발행   2025년 1월 7일

지은이 (그림, 글) 한미숙 (나라한 아름다울미 맑을숙, Han,Mi-suk)
디자인 한미숙
발행인 한미숙
펴낸곳 쿤스트포르셴 (kunstforschen)
출판등록 2024년 11월 7일 제 2024-000145호
전자우편 kunstforschen@naver.com
인스타그램 @kunst_forschen @hanmisuk_official

© 2025. 한미숙 HAN MI SUK all rights reserved.

ISBN 979-11-990402-1-2

* 이 책의 저작권은 저자에게 있습니다.
* 저작권법에 의하여 보호를 받는 저작물이므로 저자와 출판사의 허락 없이 무단 전재와 무단 복제를 금합니다.